Bernhard Friedrich Hummel

Beitrag zur Geschichte des schwäbischen Bundes und des Bauernkrieges,

bestehend in Urkunden und Briefen

Bernhard Friedrich Hummel

Beitrag zur Geschichte des schwäbischen Bundes und des Bauernkrieges,
bestehend in Urkunden und Briefen

ISBN/EAN: 9783743406964

Hergestellt in Europa, USA, Kanada, Australien, Japan

Cover: Foto ©ninafisch / pixelio.de

Weitere Bücher finden Sie auf **www.hansebooks.com**

Beytrag zur Geschichte

des Schwäbischen Bundes

und

des Bauernkriegs

bestehend

in

Urkunden und Briefen

herausgegeben

von

B. F. Hummel.

Fürth,
bey Johann Bernhard Geyer
1790.

I.

Schreiben Gözens von Berlichingen an Heilbronn und Wimpffen.

Sanct Jacobs Abend 1512.

Mein freuntlichen vnd willigen Dienst zuvor Ersamen vnd guten freunde. Ich bin vngezweyfelbt Ir habt etlicher massen Wissen meiner Verhandelunggen den von Nürnberg. Nu das Ir aber zu vernemen, was mich also meines fürnemens gegen Inen verursacht, kompt aus dem Ir nachuolgendt, das ich euch freuntlich bitte, vnuerdrüßlich zu vernemen. Ich hab hyevor zum offtermall Burgermaister vnd Rabt zu Nürnberg geschrieben zwayerlay Weys, Nemlich nachdem Jörg von Geyßlingen ain Knecht durch die Irn on Vrsach vom Leben zum Tod gepracht sei, Wie dann derselbigen Entlaybung vnd That halben Hans von Geyßlingen sein Bruder gegen Inen den von Nürnberg vnd iren Verwandten Jne Vehede vndt Handelung stundt

stundt, vnd nu Jörg von Geyßlingen seligen
eben der Zeyt seiner entlaybung mir zu meinen
Diensten versprochen gewesen wer, vnd als-
baldt der entlaybung vnd That angemelten Jörgen seligen begangen, an seinen Bruder Hanßen
gelangt, hat er daselbig mir zu erckenen geben,
vndt aus obgemelter versprochener Verwandt-
niß mir zu Diensten mich gepetten, Im darinen
Radt vnd Hilf zu thon, des ich mich dann schuldig erckannt, vnd darauf hab ich an die von
Nürnberg gevordert, Hanßen von Geyßlingen
von seines Bruders wegen, auch mir obgemelter desselben seines Bruders gegen mir Ver-
wandtniß halben für zu kommen zu sein vor dem
Durchleuchtig Hochgepornen Fürsten und Herrn
Herrn Friederichen Marggraven zur Brandenburg rc. meynen Gnedigen Hern vnd ander mer.
Zum andern nachdem Ir der von Nürnberg
Knecht vnd Diner meinen Freundt und Geselln
Frizen von Libwach heimlich vnd on Vrsach
haben nydergeworffen, der also haymlich in Jrem
Schlossen vnd Flecken lang Zeyt gefengtlich vnd
schwerlich enthalten, vnd nachuolgens geschazt
worden sey wider Recht und alle Billichayt,
das mir vnd aynem jegklichen von Adel billich
zu Herzen vnd Gemüthe gieng hab ich auch an
sie gefordert, gemelten von Libwach sein abge-
nottigt Schäzgeld widerumb zu bezahlen, vnd
mir

mir als meinem Freund vnd Gesellen umb der
begangen schmach, kehrung vnd Abtrag zu thun,
oder wo sie mainen wollten, des nitschuldig zu
sein, mir fürzukommen, neben andern Churfürsten, Fürsten vnd Stenden auff den Hochwürdigen Fürsten vnd Herrn Herrn Laurentzen Bischoff
zu Würzburg meinen gnedigen Hern. Nu vff
die ersten meine Vorberung Jorgen von Geyßlingen selig halben ist dieselb Sach dahin gericht,
daß der obgemelt mein gnediger Her Marggraue
Friederich zu Brandenburg ec. zwischen den von
Nürnberg vnd Hanßen von Geyßlingen Tag
satzung gethon, darzu mich auch sein Gnad meiner Vorbrung halben beschieden. Nu hat sein
Gnad In dyser Sach nach Nottdurfft Verhor-
rung gethon, vnd allen gnedigen möglichen
Vleis furgewandt, zu Vertragk derselbigen Sach
wie sich dazumall die Verordneten vnd geschickten von Nürnberg von aines Rads vnd gemeiner Stadt wegen In fürgeschlagen mitteln
so brechtlich vnd stolzmuttigklich haben gehalten,
das laß ich jetzmals auff Im selbs besteen.
Dann das die Sachen dazumall vnzertragen
bliben, vnd wir von bayden Thailen am ends
abgeschiden sein, damit nu ewr Ersamkeit vnd
meniglich mögen versten, was der von Nürnberg Dyner vnd Knecht an Jörgen von Geyßlingen sel. haben begangen, darumb ich mich

A 3   auch

auch ſein als meines verſprochen Dyners nit unbillig angenomen hab, vnd mich ſein noch annemen Will.

So iſt offenbarlich die Warhait, daß der von Nürnberg Diner vnd Knecht Jorgen von Geißlingen ſel. ſeinen halben gantz vnverſehen auch vnbeſorgt aymher Handelung gegen den von Nürnberg auff dem Waydwerck als er da wie ain Waidmann zu Fus plos on aymchen Harnaſch geſtanden iſt, fürſetziglich vber guten Beſchaidt, on alle Flucht jammerlich vnd ellendlichen ermordt, und wu derſelb Jörg in aynchem Verdacht, Beſchuldigung oder Beruchtigung gegen den von Nürnberg wer geſtanden, oder er wider ſie gehandelt het, ſo ſein dieſelbigen der von Nürnberg Diner vnd Knecht auf dasmall ſo ſtattlich da geweßt, das ſie In on allen Wiberſtand mit Inen hetten geyn Nürnberg bringen, vnd geburlicher Straff, wo er was verwirckt, vnd ſich das an Im erfunden hat, gegen Im gebern mogen. Als ſie dann dazumal ſeinen Junckern Euſtachius von Liechtenſtein auch verwundt vnd mit In gefurt haben, wiewell Jorg von Geißlingen wider gemayne ſtatt Nürnberg vntatlichs nit gehandelt hat; Als ſie Ine dann bisher nit geſchuldigt, noch auch mit Grunde der Warhayt nit beſchul-

digen

bigen mogen. Vber das alles haben gemelte von Nürnberg die Mörder, Thetter vnd mitthatter auf frischem Fuß wiederumb zu sich gen Nürnberg genommen, die da enthalten, sie begonstigt, vnd nit gestraft, wie sie gegen Got vnd den Rechten schuldig geweßt weren, vnd werden noch da enthalten. Damit sich die von Nürnberg dieser mordrischen Handelung von der Jren an Jörgen von Geißlingen gescheen thayllhaftig gemacht, vnd in der von Kaiserlicher Majestät vnsers allergnedigsten Hern vnd des Hailigen Romischen Reychs acht wider der Kaiserlichen Majestät Landtfrieden vnd alle des Reychs Ordnung mit der That verwurckt haben, ob das seynem Bruder Haußen aus Bruderlichen trewen gegen seynen Bruder zu Herzen vnd Gemüde gangen, darumb er wider die von Nürnberg in disse Veheb gewachsen, das geb ich Ewr ersamkait vnd menigklich zu bedenken, so hab ich mich auch diß Handels aus obgemeltet versprochner Dinst-Verwantnis Jörgen von Geißlingen sel. halben, vnd auf Ansuchen Hanßen seines Bruders auch billig angenommen, vnd gedenk mich mit Gotz Hilf in demselbigen zu halten, wie ainem frommen Edelmann gepurt, furter in dem andern Handell mich gegen den von Nürnberg Frizen von Libwachs derselben meyner Vorderung halben beruerend mich

A 4

neßen andern Churfürsten und Fürsten Gaistlich vnd weltlich, auch andern stenden fürckomens zu sein, vnd mich zu verhorn vnd aller Billigkayt erbotten, haben sie die von Nürnberg vff mein erbitten mir zugeschryben, vor meynem gnedigen Herrn von Wurzburg furzuckomen, hab ich darauff meynem gnedigen Herrn von Wurzburg vmb Annemung der Sachen angesucht, das mir dann sein Gnad gnebigklichen zuschreyben, wo sein Gnad die von Nürnberg darumb auch ansuchen woll, sich sein Gnad der Sach beladen, vnd kain Mühe hierinen sparn, hab ich darauff den von Nürnberg geschryben, das ich mein gnädigen Herrn von Wurzburg vmb Annemung der sachen vnd Tagsazung angesucht, vnd Inen nicht wollen verhalten, vnd hat mich versehen, sie wern Irem schreyben nachkomen. Das doch von Ihnen nit beschehen, daburch ich getrungen vnd Inen ain Ablag gethon, nach derselben myner gethan Ablag und schrift hat mein gnediger Her von Wirtzburg ain Tag angesetzt, vff Dinstag nach Letare nest vergangen zu Wirzburg var seynen Gnaden zu erscheynen vnd Handelung zu gewarten, den ich dan seynen Gnaden zu ern mich mit myen Herrn vnd freundten zu sollichem Tag geschickt, disse Handelung wie vnd was durch der von Nürnberg Dyner vnd Knecht durch Ir

zu

zu thun vnd Begunstigung an Fritzen von Libwach an meyne Freunde begangen, fuzübringen
was sich aber die von Nürnberg bedacht, das
sie Ires thons gar kayn Fug hetten, so haben
sie denselben Tag vnd die Handelung abgeschry-
ben vnd on Zweyfell, als ewr Ersamkhayt vnd
ein jegklicher vnpartheylicher zu bedenken hat,
dasselben kayner andern Maynung dann sich ge-
schemt Jr vnd der Jren Vethet vnd Handelung
so offenbarlich an Tag brengen zu lassen, des
haben sie mich verursacht, das ich zu wayter
Handelung vnd Gegenwere gegen Jnen kommen
bin, die mit ewr Ersamkhayt aber derselben
Mißhandelung dennocht auch vnverborgen bleyb,
So mogen die von Nürnberg nit Widerspre-
chen, als auch offenbahre die Wahrhayt das
Jne der Art der Land vmb Nürnberg ain offen-
barn Gerücht das Fritz von Libwach aus Wissen willen vnd Gehayß aines Radts zu Nürnberg hievor durch ainen genandt der Kalberspe-
ger oder andre der von Nürnberg Diner vnd
Knecht nydergeworffen, gefangen vnd all gefengklich in der von Nürnberg Gebieten gefurt,
vnd da gefengklich enthalten, gethürnt vnd geschazt worden, dan ayner genandt Fritz Beyel
als bezuchtiget, das er Fritzen von Libwach verratten hab, ist darumb gefengklich angenomen
vnd der hat auch also bekenth, das er denselben

A 5 von

von Libwach verratten hab, vnd der rabt zu
Nürnberg mogen das mit Grund in khaynem
Wéegk vernaynen, dan als vff den Tag Fri-
zens von Libwachs niderlegen von Onnolzßbach
aus der von Nürnberg Gerichtsschreiber der
Wengen-mayger genannt dazumall auch zu Onnolzßbach am Landtgericht geweßt, ist derselbig
offenbarlich berüchtigt worden, auch die Warhayt das er denselben Tag Eilends Bryf von
Onnolzßbach gein Lichtenaw wider vnd fürge-
schryben. Vnd als Friz von Libwach von Onnolzßbach hinaus verckundschafft und in der
Thetter Hend gegeben hab der sich bisher sollicher seiner Handelung nit ausgefurt, wiewoll
er nochmalls sich auszufurn angesucht vnd Jme
sich mit seinem Aybe zu raynigen zugelassen,
noch hat er dasselbig nit gethon, auch nit thon
mogen, dan sein Handelung so waitläufftig gewest, das Jm beschwerlich geweft ist, züver-
sichtlich weltlicher Schawm halben vor dyse sein
Handelung zu schweren, darzu als wie obge-
meldt der Kalbersperger als dazumall der von
Nürnberg Dyner vnd als secher dieser That, mit
Willen vnd Hilf der von Nürnberg offenbarlich
beruchtigt vnd in sollichen an Kaiserl. Hof komen, vnd dieser That zu rede gesezt worden ist,
hatt er das widersprochen, vnd sich deshalben
gegen der Römisch Kayserlichen Majestät ge-
wal-

weltig mit Worten entschuldigt, das er sollicher That vnd Handelung vnschuldig sey. Aber nicht besterweniger da sich itzt gemelte vbeltetige Handelung lenger mit verbergen lassen wollen, hat sich Kalbersperger funden, vnd der That vnd Handelung angenommen, darauf Fritzen von Libwach vmb acht hundert Guldin geschatzt, vnd Fritz von Libwach das zu Erledigung seines Gefengknus annemen müssen. Nu lassen sich die von Nürnberg in allem irn Thon vernemen, das sie genaygt sein zu Handthabung Friedts und Rechtens, vnd zu straff der Vbelthetigen Handelung vnd wollten des gern bei der Römisch Kaiserl. Majestät auch euch vnd allen stenden des Reichs Lob vnd rum haben. So mag doch sollichs in diesem Handell an Fritzen von Libwach begangen vnd etlichen mere iren Handelung mit Grund nit gespurt werden, dann als sich wie obgemelt der Kalbersperger diser That vnd Handelung gegen Fritzen von Libwach angenomen ine geschatzt, vnd barauff auskomen lassen hatl, nicht bestermynder haben die von Nürnberg den Kalbersperger bei Jnen aus- und einreyten, Webern vnd wonen vnd Jne vmb sollich sein vbeltetige Handelung von Ampts vnd Gerichtswegen nit annemen noch straffen lassen, wie sy gegen Got vnd dem Rechten schuldig gewest wern, obwoll kain Gerücht

rücht vorhanden geweſt wer, ſo hetten ſy ſich
doch billig Kalberſpergers That damit mit Thayl-
hafftig gemacht, Ine darinen zu begunſtigen,
wiewoll vnd daneben das offenbar Gerücht auch
geweſen iſt, vnd noch beſtermehr Inen het gepurt ſich mit Straf gegen dem Kalberſperger zu
halten, ſo ſy anderſt mit Grund vnd warhaff-
tigklich wolten, geſpurt vnd vermerckt ſein, das
ſy vbelthathaftige Handelung mit den Werken
gern meynten zu ſtraffen, on Zweifell, wo ſich der
jenen im rabte zu Nürnberg, vnd ſonderlich
auch die, ſo wie man wayß als man es in der
Kochſtuben nent, zu der glich Handelung ver-
ordet ſein vff ir Pflicht vnd Aybe in düſem
Handell ſollten eroffnen, ſy könten ſy ires Wiſſens willens Hülff vnd Zuthuns in diſem Handell in kaynen Weg reynigen, wie ſich dann
ire Gerichtſchreyber der Wengenmayer vorge-
melt wiewoll auff ſeyn Anſuchen vnd. als Im
das bewillicht iſt, ſeyn Ayd dafür zu thun daſ-
ſelbig auch nit gethan vnd die Sach ſeinen hall-
ben ſtillſchweygend in Bronnen fallen laſſen,
wo er ſich des allein aus Beſchwernuß ſeiner
Seel halben enthalten, ſo hat er damit gegen
Got beſterweniger unrecht gethan, vnd des nit
ſchweren Wollen, was bei ſeinem Wiſſen geſcheen geweſteſt, vnd dieweyl die von Nürnberg biß Handells halben in offenbar Beruch-
ti-

igung geweſt, vnd noch ſeyn, auß den Vrſachen wie obſtett, ſo iſt ſich deſtmer zu verſe-
hen, das ſy den Kalberſperger zu ſollicher ſeyner Myßhandellung, die mit Jrer Hilf zu ver-
brengen, ſchemlich geurlaupt haben, ſich damit
zu beſchenen vnd alſo bieweyl Friz von Libwach
in äyner Befeſtigung gelegen, ſo iſt wiſſentlich,
das der Kalberſperger mit den vom Abel, weder ſo angenem noch verdint iſt, das ſy ine
deß in iren Schloſſen oder Hewſern ſollten
enthalt gegeben haben, allein iſt es geſcheen in
der von Nürnberg gebit in eynem irem Schloß
vnd als die von Nürnberg wie obgemelt wollen vermerkt genaygt zu ſeyn das Vbell zu
ſtraffen, obſchon Vbells an Jnen oder den Jren
nit geſcheen wo ſy dann irn Worten in diſſen
Fellen mit den Wercken gern wollten volgen,
ſo hetten ſy den Kalberſperger billig geſtrafft
oder Jn dermaſſen nit begunſtigt Jn nachmalls
widerumb anzunemen, ſo ſy ſich doch ſunſt vill
frember Hendell annemmen, die ſy vnd die Jrn
nit berürn, als billig hetten ſy es mit dem
Kalberſperger auch gethon. Allein das ſy begunſtigen wen ſy wollen, dan ſie wiſſen was
hivor die Jrn gehandelt haben, an eyem Edel-
man von Egloffſtein, den ſy wie ayn Kalb er-
wurgt, alsban die Jrn auch Jörgen von Geißlingen ſel. dermas als ein bloſſen Mann ermordt

nicht

nicht besterweniger haben die von Nürnberg di-
selbigen Tetter nach begangen Thatten widerumb eyn- vnd angenommen vnd umb Ir Myß-
handelung nit gestraft, vnd thun es noch nit,
damit sie sich der Thatten vnd Mißhandelung
aller thaylhaftig gemacht, vnd in des Heyligen Reychs Acht verwurkt haben. Sollichs
alles hab ich ewr Ersamkhait zu Bericht der
von Nürnberg Handellung nit wollen verhalten, die ich auch hierauf ansuch, vnd vff das
allerfreundlichst, so ich zu thun vermag bitte,
sollich myne Geschrifft ewer Gemeinde vnd Mit-
burgern nit zu verhallten, vnd ob ich was gegen den von Nürnberg vnd den Iren weyters
furnem, als ich mit Goß Hilf meyner Notth-
burft nach gedenk zu thun mich gunstlich zu be-
denckhen, vnd die von Nürnberg zu ainigen
Vnguten gein mir oder den meyn uch wider
mich nit bewegen lassen, vnd besonder auch
mit den ewern verfuegen, das sie mit Inen zu
handlen im Kauffen oder Verkauffen, damit In
das Ir durch die ewern uff Wasser Landt oder
Strassen wider mich vnbefridt, sonder müssig
steu, besonder auch mit dem Goßpfennyng, damit eyner dem andern vberhölft, damit ich In
des zu eyngen Vnguten gein in nit gebrsacht
dan ich daneben mich gar vngern einigs Vnguten gein uch vnd den ewern gepraucken wollt,
vnd

vnd darvff uch hirrinen gein mir vnd den myen
so freundtlich vnd gutwilligklichen halten vnd
beweyssen als ich mich dan des genßlich zu euch
vertrost, dan Ir myr zu aller gepur vnd Bil-
lichkait mechtig, das will ich mit allem Willen
vnd mit sampt meyner Freundschafft umb uch
vnd die ewern freundlich vnd gern verdinen,
vnd des Ewer freundlich vnd gutwillig Antwortt
sammentlich oder insonder geben vff Sanct Ja-
cobs Abent Ao. im XIIto.

Göß von Berlichingen der jünger.

2.

Extract Schreibens Ulrich Arzts Hauptmanns der Städte des Schwäbischen
Bunds und Burgermeisters zu Augspurg
an Heilbronn. ddo Sonntags nach Bar-
tholomäi 1513.

Ersame vnd Weyse mein freuntlich willig
Dienst zuvor berait lieben Herrn: Als auf dem
gemainen Versamplungtag des Bundes jetzt nach
sannt Jacobstag zu Nordlingen gehalten, der
Durchleuchtig Hochgeboren Fürst mein gnediger
Herr Marggraf Casimir zu Brandenburg, als
Kaiserlicher Comissary in aigner Person, mit
sampt der Versamplung des Bundts zwischen
den beschedigten Bundts-Verwandten vnd den
Landt-

Landfridbrechern und Achtern gütlich gehandelt/ vnd die Sach zu verhuten, krieg vnd Aufruhr, auf hinter sich bringen betadingt, in dem hat Götz von Berlichingen als der Achter ainer, vnd der so die Vehd vnbillicher Weiß fürgenommen hatt vnd furt vber das er von Kaiserlicher Majestät Comissarien zu sollichem Tag beschreiben vnd notturfdigklich verglaitt, das alles veracht, vnd ist ausbelieben, vnd nit erschinen, vnd an sollichen vnd vorigen vnloblichen Handlungen kain Settigung gehapt, sonnder in Zeitt. der Taglaistung mit sampt seinen Hellfern der Kaiserlichen Majestät Jren Comissary vnd gemainen Bundt zu noch mer schmach, Schimpf, Spott vnd Verachtung, den von Nürnberg vnd andern Bundtsverwandten vier Wagen mit Zentner guter nach bey Mergentheim die meines gnedigen Herrn Marggraf Friderichs lebendig Glaitt gehapt haben, rauplich genomen, aufgehauen, geblindert, vnd was sy nit haben hinweg bringen mugen verbrennt. Darauf demselben meinem gnedigen Herrn Marggrafen vnd den von Nürnberg auch andern Bunds-Verwandten so beschedigett sein auf Jr Anruffen nach Vermugen der Aynung beschehen, mit der ganntzen Antzal zu Roß vnd Fuß wie ain yeder Bunds-Verwandter im Bundt angeschlägen ist, in krafft der Aynung t.Hilff zu thun, vnd also

mit

mit den vorigen Beschlussen vnd Abschiden zu
Straffung sollicher vnd dergleichen mutwilligen
vnd bosen Handlnngen furgenommen zu uollfa-
ren beschlossen, vnd ist vntzweifenlich ermessen,
wa yetz mit dapferm Ernst in den Sachen gehandelt daz man die ganze Zeitt des Bundts
uff dester fridlicher vnd sicherer sitzen vnd bleiben wird ꝛc.

3.

Extract Schreibens von eben demselben.
Ulm Freytags nach des hayligen Creutz
zu Herbst 1513.

ꝛc. Vnd darauff Romisch Kaiserl. Majestät zu
vnnderthenigen vnd dem Regiment zu sonderm
Gefallen vnd damit Jrer Mayestät in obgemelten Jren Henndeln vnd Sachen destmynder Verhinderung erwachs durch gemain Versamblung
in krafft der Aynung entschlossen, das mit obgemelter bewilligter erckannter vnd außgeschri-
bener Hilff biß Zeitt still gestanden worden,
vnd das ain yeder Bundts-Verwandter on all
Auszug vnd Verhinderung mit seiner Antzal Volcks
in krafft der Aynung uff den ersten Tag des
Monats May nechst kommend bey der Peen im
Abschid zu Nordlingen begriffen gewißlich vnd
vnaußbleiblich zu Vffenheim im Veld erschei-
nen

nen vnd hannbeln helfen foll wie yetzt befchechn fein follt.

Vnd ift darauf ferner befchloffen das meinem gnebigen Herrn Marggraf Friedrichen vnd der Statt Nürnberg follich Sachen halb von gemains Bundts wegen hundert Rayffiger, all mit Spieffen gerüßt, die auf fannt Gallen Tag nechft künftig gewißlich vnd vnuerhinderlich zu Windßhaim zu Zufatz zugelegt ꝛc. werden follen ꝛc.

4.

Extract Schreibens von eben demfelben. Ulm Sonntag vor Allerhailligen 1513.

ꝛc. Als Jr mir vormals vnd yetz des Zufatz halben ꝛc. gefchriben hapt hab ich vernomen, vnd ift vorm als auff dem Bundtstag hie zu Vlm befloffen das allweg von Haymenhofen als Hauptmann des Zufatz mit fampt feinen zu verordneten Götzen von Verlichingen ainen Veindsbrief fchicken follen, als Jr ab eingelegter copj habt zu uernemen, aber ich hab kürtzlich ain Schrift vmb Vrfule lautend von Windßhaim gehabt, daß der Hauptmann des Zufatz mit fampt den andern ganntz ftillftannd, vnnd wart auf Kayferl. Mayeftät vnnd die Mentzifchen Antzall ꝛc.

Gop.

5.

Cop. Feinds Brieffs an Götzen von Berlichingen.

Götz von Berlichingen. Nachdem etliche dem Kayserlichen Bundt des Lands zu Schwaben verwandten in der Hochwürdigen Durchleuchtigen Hochgepornen Fürsten vnnd Herrn Herrn Görgen Bischoffen zu Bambergs, auch Herrn Friderichs Margrauen zu Brandenburg zu Stettin, Pomern der Cassuben vnd Wenden Hertzog Burggrauen zu Nürmberg vnnd Fürsten zu Rugen Giait vnd sunst durch dich vnnd andere die dir deß verhelffen vnd in deinem Namen gethan haben, mit der That merklich angegriffen vnd beschedigt, derhalben wir von allen stenden des gemelten Kaiserlichen Bundts zu Straff vnd Widerstand sollicher Fridbruch verordnet sind. Fugen wir dir zu wissen, wes wir sollichen Beuelch nach gegen dir auch allen den Jehnen, so zu sollichen Tatten durch sich selbst oder andern gehelffen gedient geratten wissentlich vnd geuerlich gehaufft oder gehalten haben, oder dergleichen noch tun werden vnd den eworn mit der That vnd dem ernst fürnemen vnd handeln werden, darum nit geacht werden mechte vnser Erre zu uerwarten, das wir sollichs mit diesem vnserm Veindts Briefe völligklichen ge-

gethan haben, vnd darum weitter nichts schuldig sein wollen. Vnnd ziehen Vnns sollicher vnser Vehde In Vnfrieden vnd Frieden der Jhenen von der wegen wir gesandt sind. Zu Vrkund hab ich vnnden genanntter von Haimhofen als Hauptmann, auch wir nachgemelten n vnd n vnser jeder sein Insigel zu End der Schrifft in diesen Brief gedruckt, welcher siglung wir vnns die andern mit gebrauchen, der geben ist.

Nota.

Diesen Veindtsbrief mag der genannt Hauptmann mit Rate der Dreyer zugeordneten Rette schickhen wohin Sie gutt bedunckhen wirtt, oder aber an etlichen Ortten offentlich anschlagen, wie Sie deßhalben für das fugklichst vnnd best bewegen.

6.

Extract Schreibens des Hauptmann Ulrich Arzte Montags nach Oculi 1514.

ꝛc. Also ist yetz auff disem Bundtstag hie zu Augspurg fürgefallenn, das gemaine Versamlung des Bundts den bestimpten Tag sollicher Hilff bis auf den Sonntag Cantate schieriß künfftig erstreckt hat, das verkund ich Euch ꝛc.

8. Ex-

7.

Extract Schreibens von eben demselben, Freytags nach Ostern 1514.

ꝛc. Der Sachen halb ꝛc. Ist Jetz durch Römisch Kayserl. Mayestät zu Lynntz ain guetlich Mittel auff hinder sich pringen abgerebt, vnnd demnach auch aus andern fürfallenden Ursachen der bestimmt Tag der Hilff mit bewilligen und Zugeben der Verwandten des Bunds, so die Sach berurt erstreckt bis auf Dornstag nach dem hailigen Pfingstag nechstkünftig ꝛc.

8.

Kaiserl. Entscheidungs-Briefs. In Sachen der beschädigten Bunds-Verwandten gegen Götzen von Berlichingen und Consort ꝛc..

Wir Maximilian ꝛc. Beckennen offentlich mit dysem Brieff vnd thun kundt aller meniglich, als der so sich nennt Götz von Berlichingen mit sampt seinen Helffern anhengern vnd Verwandten aus aignem freuenlichen Mutwillen vnd furnemen vneruolgt aynichs gepurlichen Rechtens ꝛc.

Demnach so haben wir mit Wissen willen vnd Zugeben der obgenanten geschickten die Sachen an Vns genomen vnd dyssen nachuol-

genden guetlichen Spruch vnd entschaid gemacht vnd gethon wie hernach uolgt: Nemlich das den Personen, so In obgemelter Vnsers Fürsten von Bambergs vnd Brandenburgs Glait beschedigt worden sein, zu Erstattung sollichs Irs Schadens, nemlichen vierzehen tausend Gulden Reynischer durch N. vnd N. in vnser vnd des Hayligen Reychs Stat Nürnberg auf Pfingsten schierst künftig ausgericht vnd bezalt werden sollen, Inmassen sie sich dann gegen den obgemelten vnsern Fürsten von Bamberg vnd Brandenburg desgleichen Burgermeister vnd Rat der Statt Nürmberg genugsamlich verschriben haben, vnd sollich Gelt soll auf bestimpt Zeyt Burgermeister vnd Rat der Statt Nürnberg bezalt werden. Dieselben von Nürnberg sollen furter die Aydgenossen dauon des gentzlichen bezalen das In Im Bambergischen Gelait genomen vnd abgeschezt ist, vnd die Vebermas auf die andern in berurten Glaitten beschedigte, nach Anzall Ir yegklichs genommen schaden anstellen, vnd wie sollich Austhaylung beschicht, dabei soll es vngewaygert bleyben, vnd die beschedigten des benuegig sein, vnd vnsere Fürsten von Bamberg vnd Brandenburg, desgleichen Burgermeister vnd Rat der Stadt Nürnberg, sollen vns vnd vnsern Erben für sich selbs Ir Nachkommen vnd Erben der empfangen

gen vierzehen tausent Gulden zu bemelter Beza-
lung der beschedigten notturfftigklich vnd gnüg-
samlich quittiren, vnd fürtter alle vnd yegkliche
Personen so in gemelter baider Fürsten Glaitspruch beschedigt sein, die sollen vns baide vnser
Fürsten vnd vnser vnd Jr Nachkommen vnd Erben daruff vmb sollich genomen Schäden auch
einen Rat zu Nürmberg als die sollicher Beza-
lung austhaylen auch quittiren, vnd Burgermayster vnd Rabt der Statt Nürmberg sollen vnsern
Fürsten von Bamberg vnd Brandenburg sollich
Quittung fürter zusenden, damit sie Jr Nachkomen vnd Erben deßhalben versehen, vnd verners
Anzugs vnd Vordrung dyßer Sachen halber vertragen pleiben.

Vnnd dieweyll vnser Fürsten von Bamberg
vnd Brandenburg anziehen Jnen sey durch soll-
chen Glaitspruch mercklich Belaydigung beschehen, vnd deshalben costen, Schaden vnd Inter-
esse auff Vervolgung der Sachen auffgeloffen.
So sollen vnd wollen Wir auff N. tag zu N.
gnedigklichen sprechen vnd erclern, was denseI-
selben vnsern Fürsten vnd den Stenden des vnser Kayserl. Bunds des Lands zu Schwaben für
sollich Belaydigung, Schmach, Costen, Schaden
vnd Intereße durch die Thäter vnd Verwurcker
verfolgen sollen, dazu wollen Wir alle die so von
berurter That vnd Glaitspruch halben In Vn-

B 4   ser

ser vnd des hayligen Reychs Acht vnd Aberacht gefallen vnd verkundt sein, die dyssen vnsern Kaiserl. Spruch annemen, sollicher Acht gnedigklich absoluiren, vnd entledigen, vnd darauf sollen die Sachen vnd was die obgemelten drey Glaitspruch berurt, auch was sich von allen Thailen darunder begeben oder verloffen hätte, von Wem oder Wie das beschehen were, zwuschen Vnser Fürsten von Bamberg vnd Brandenburg Burgermayster vnd Rabt der Etat Nürmberg den Stenden vnd Verwandten Vnsers Kaiserl. Bunds des Lands zu Swaben, vnserm Fürsten dem Bischoff zu Würtzpurg, seinem Capittell, Thumhern, Reten, Amptleuten, Comonen (Communen) Burgern vnd Verwandten vom Adell vnd andern nyemands hierJnn ausgeschlossen, desgleichen den so dyses Glaitspruch halben zu zeugen citiert sein, gentzlich vnd gar tod vnd absein, vnd sie darauf mit einander gericht geaint vnd vertragen sein vnd bleyben vnd kain Thaill gegen den andern sollichs Weyter in Vnguten oder der That noch sonst weder mit oder on Recht äfern oder anndern noch des yemands von Jren wegen zu thun gestatten oder Verhengen, in dhem Weys, auch alle die, die sollicher Sachen halber gefangen worden, auff alt gewonlich Vrfehb ledig vnd all schazung, Azung vnd vnbezalt Abtrungsgelt vnd Gebing tod vnd absein, vnd weiter nicht

ge-

geraicht ober gegeben werden, vnd ob etlich von des gedachten vnsers Bunds Verwandten In Zeyt sollicher Irrung vnserm Fürsten von Würtzpurg Ire Lehen auffgeschrieben ober die sonst nit empfangen hetten, denselben soll vnser Fürst von Würtzpurg vnd sein Nachkommen Ihre Lehen byser Sachen halben vnuerhindert wie sich gepurt on alle Geuerde vnd Verzug leyhen.

Vnd soverr Götz, Philips vnd Wolff von Berlichingen Hans von Selvitz vnd ander der Sachen Verwandt vnd die In vnser vnd des Hayligen Reychs Acht vnd Aberacht komen, vnd gesprochen sein, diesen Vertrag vnnd ander Vnser Beuelh hieneben ausgangen, annemen vnd von thatlicher Handlung Ir Vehd vnd Veindtschafft absteen, auch all Ir Spruch vnd Vordrung darumb sie Vehd vnd that samentlich vnd sonderlich furgenommen haben, enntlich vnnd gentzlich abstellen oder sich derhalben an ordentlichen Rechten genüegen lassen, vnd damider weiter nichts fürnemen wolten, das sie alsdann auff bestimpten Bundtstag oder In xiiij Tagen darnach auff das lengst Wilhalmen Gussen der Churfürsten vnd Fürsten Im Bund Hauptmann endtlich vnnd notturfftigklich zuschreyben, So sollen sie durch vns wie sich gepurt von der Acht absoluiert werden, vnd nach dem Götz, Philips vnd Wolff von Berlichingen durch solch Ir That wie

ob-

obſtet, in Vnſer vnd des Reychs Acht vnd Uber-
acht gefallen vnd verkundt ſein, So wolln Wir
alle vnd yegklichs ir hab vnd Güeter wo die
gelegen, vnd wie die gehayſſen ſein mechten,
nichts ausgenommen, zu Unſer als Römiſchen
Kaiſer dem ſollichs on Mittel zuſtet vnd gepurt,
Handen einziehen, einnemmen vnd Innbehalten,
vnd deshalben zu yeder Zeit nach Vnſerm Gefallen damit handeln oder zu handeln geſtatten,
ſo lang, bis ſie ſich vmb ſollich Vngehorſamb
vnd Verachtung, mit Vns wie ſich gepurt vertragen, daran vns auch vnſer vnd des Reychs
Churfürſten, Fürſten, darunter die Güeter gelegen ſind, oder von dem ſie zu Lehen rüren, desgleichen die Stend vnd Verwandten Vnſers Kai-
ſerlichen Bundts, kain Irrung oder Verhinderung thun ſollen ꝛc. Wo aber die genannten
von Berlichingen desgleichen Selwitz oder andere dyſſen Spruch vnd vnſer Veuelh hieneben
ausgangen nit annemen, auch in obbeſtimmpter
Zeyt nit zuſchreyben, oder in Vehd vnd Veindt-
ſchafft verharren, oder ſych an gepuhrlichen Rechten, nit benügen laſſen wurden, ſo ſollen vnſer
vnd des Hayligen Reychs Churfürſten vnd Fürſten Pfalzgraue Ludwig bei Rein, Herzog Friederich von Bayern, Lorenz Biſchoff zu Würz-
purg vnd Vlrich Herzog zu Würtenberg, vnd
ander vnſer Churfürſten Fürſten Stende vnd
Ver-

Verwandten des Reychs gegen Inen vnd andern, so Inen Hilff, Beyſtand oder Fürſchub thun, oder ſich in ander Wege ſollicher irer vngehorſam That vnnd Acht thailhafftig oder verwurcklich machen, als des Hayligen Reychs offen verckundten Veinden Achtern vnnd Aberachtern nach laut Vnſer vnd des Hailigen Reychs aufgerichten vnd verckündten Landtfriden vnd Ordnung halten, vnd mit getrewem Ernſt vnd Vleys gegen Inen handlen vnd fürnemen, wie in demſelben Landtfriden vnd Ordnungen begriffen iſt, In maſſen dann die genannten Churfürſten vnd Fürſten vnſern Reten vnd Commiſſarien, ſo wir daſelbs hin verordnen werden, auff den Tag zu Nördlingen zuſagen ſollen, darzu, ſoll die bekannth Bundtiſch Hilff gegen denſelben Thätern vnd Verwurckern bleiben.

Und Wir ſollen vnd wollen als Römiſcher Kaiſer das alles handthaben, vnd volziehen, vnd genzlich darob halten.

Vnd ob in dyſſem Spruch oder In ainichem Artickell deſſelben ainich Mißverſtand Mangel oder Irrung durch die Partheyen oder ſonſt yemands entſtüende oder ſonſt ichz zu fyell wie das ſein mocht. So behalten Wir Vns beuor, ſoll auch all weg zu vns ſteen in demſelben weyter Erleuterung vnd Erckannthnus zu thun.

Dyſſer

Dyſſer Spruch iſt durch Vns zwuſchen den Botſchaffter vnd geſandten der obgemeldten Partheyen alſo gnedigklich wie vor gemeldt iſt, furgenomen vnnd gemacht vnd Jnen dergeſtalt fürgehalten das ſie denn an Jr Churfürſten, Fürſten vnd Herren vnuergriffenlich pringen, vnd dieſelben Churfürſten Fürſten vnd Herren auff Pfingſtag nach dem Sontag Miſericordia Dominj zu Nördlingen vnſern Radten vnd Comiſſarien ſo wir daſelbs verordnen werden, entlichen Jn aigner Perſon oder durch Jr vollmechtig Anwaldt zuſagen, oder durch Jr Brieffe vnd Sigell gnugſamlichen zu ſchreyben ſollen, ob ſie den alſo annemen, vnd dem nachkommen wollen oder nit. Vnd wan ſie den alſo bewilligen vnd annemen, ſo ſollen ſie alsdann vor Vns erſcheinen, So wollen Wir dyßen Spruch Vertrag vnd andern notturfftig Brieff darüber wie ſich gepurt auffrichten vnd vertigen.

9.
Götzens von Berlichingen Fehde mit Chur Maynz.

Extract Schreibens des Hauptmanns Ulrich Arzts an Heilbronn.

ddo. Heil. Pfingſttag Abend 1516.

Erſamen vnnd Weiſen Mein freundlich willig Dinſt zuuor bereit lieben Herren. Als auf
dem

dem Bundtstag Symonis et Jude nechſt verſchinen, zu Augſpurg gehalten meinem gnebigſten Herrn von Mentz ꝛc. als Bundtsverwandten In Crafft der vnnd nach Vermugen der Aynung des Bunds wider Götzen von Berllichingen vnnd ſeine Helffer Hilff zu thun erckennt, alſo iſt auff dem jetzo gehalten Bundtstag zu Nordlingen auff ernſtlich Anſuchen meines gnebigiſten Herrn von Mentz ſolliche Hilff von gemainer Verſammlung des Bunds gemeſſiget, dergeſtalt, daß ſeinen Fürſtlichen Gnaden von gemainem Bundt zu ainem Veldleger neben dem Zewg ſo ſein F. G. zu Roſs vnnd Fuſs für ſich ſelbs haben will, zugeſchickt werden ſollen 400 zu Roſs 4000 zu Fuſs, alſo das ains jeden Anzal auf Jacobi ſchieriſt vnuerzogenlich Im Veld ſein vnnd furtter geprauchtwerden ſoll, wie ſich Innhalt der Aynung gepurt ꝛc.

10.

Extract Schreibens von ebendemſelben Sine d. et l.

Lieben Herrn auff dieſem Bundstag hie zu Augſpurg iſt aus bewegenden Vrſachen geratſchlagt, vnnd beſchloſſen, das mit dem Mentziſchen Veldzug wider Götzen von Berlichingen vnnd ſein Helffer diſer Zeit ſtill geſtanden vnnd

mei-

meinem gnedigſten Herrn von Mentz auff ſeiner Gnaden Begern in ainem Monat dem nechſten darnach uolgende von gemainem Bundt anderthalb hundert Rayſigen zu Zuſatz bis auf gemainer Verſamlung des Bundts Widerabuordern zugelegt werden ſollen ꝛc.

Götzens von Berlichingen Fehde mit dem Schwäbiſchen Bund, als Helfer Hertzog Ulrichs von Würtenberg und deſſen Gefangenſchaft in Heilbronn.

II.

Cop. Heilbronniſchen Reverſes ddo. Freytags nach Mias. Dom. 1519.

Wir Burgermaiſter vnnd Rabt der ſtatt zu Haylpronn, thun kunth allermeniglichen mit diſſem Brieff, Nachdem der Durchleuchtig Fürſt vnnd Her, Her Wilhelm Pfalzgraue bey Rhein, Hertzog Ju obern vnd nidern Baiern ꝛc. Vnſer gnediger Her als in dieſem Hertzug Obriſter Veldhauptmann in ſeiner Fürſtl. G. vnd gemains Bundts namen, dem Edelen vnd Veſten Götzen von Berlichingen zu Ritterlicher Gefangknus angenommen, Ju her gen Haylpronn verglubdt mit dem Beuehl von ſeiner F. G. an vns beſcheen das wir Jn Götzen von Ber-

Berlichingen nimands volgen laſſen vberantwurten noch rechts gegen Jm geſtatten bis auff Seiner F G. vnd gemains Bundts Jm Land zu Schwaben veruern Beſchaid, das wir obgemelten Burgermaiſter vnd Rabt lawtt ſeiner F. G. Neuerß alſo zu thun bewilligt, getrewlich vnd ongenarlich, vund des zu warem Vrckundt haben Wir vnſer Statt Secret Jnnſiegel offenlich vff diſſen Brieff getruckt, doch vns der Statt vnd Nachkommen Jn alweg one Schaden. Der geben iſt vff Freytag nach dem Sontag miſericordias Dominj, als man zalt, nach der Gepurt Chriſtj vnſers lieben Herrn Funfzehen hundert vnd Neunzehen Jar.

12.

Schreiben der Verſammlung des Schwäbiſchen Bunds ddo. Eßlingen Sontags Exaudi 1519.

Weyllend Römiſcher Kayſerl. Mayeſtät Hochloblicher Gedechtnus auch Churfürſten Fürſten vnd anderer Stennd des Bundts zu Schwaben, Bottſchafften, Hauptleut vnd Rät yetz zu Eßlingen verſammellt.

Vnſern gunſtlichen grus fruntlich vnd willig Dinſt zuvor, Erſamen vnd weiſen beſonder lieben vnd guten Frund. Wir ſchicken Euch hiebey

bey verwartt ain Copey auer Vrfehd wie vnd wölcher massen mir haben wöllen on Ainich Enderung, das sich Götz von Berlichingen gegen vnns verschreib vnd verpflicht ꝛc. vnd Ersuchen Euch demnach als vnser Bundtsuerwandten wie vnns in crafft der Aynung geburt zum höchsten gunstlich vnd fruntlich bittend, Jr wöllend Jemand aus Euch zu der Sach geschickt, vnd verstendig zum furderlichsten zu berurten Götzen verordnen, vnnd Jm sollich Vrfehd furhalten, vnd sagen lassen, das vnnser Will vnnd Mainung sey, die dermassen auffzurichten vnd ob Er darüber Copey vnnd Bedacht ausserhalb Ewr verordneten Beiwesen begern wellt Jm das mit besten Fugen ablainen, dann wa er sich beß widersetzen wurd, wir dem in kainem Weg ainich Enderung thun, vnnd so bald auch sollicher furhalt von euch Jn Vnserm Namen Jm beschehen, Jst vnnser sonderlicher Befelch, das Jr durch Ewr Vertrawt vnnd getaim, den Zugang, der zu Jm durch sein Verwandten gesucht werden mecht, Jn allweg furkommen, vnnd abstellen, vnnd wa Er die angezaigt Vrfehd, nit dermassen auffrichten, das Jr Jn annemen vnnd in ainen Thurn wol verwart legen vnnd darauß nit kemen lassen wöllend, biß also gemelt Vrfehd auffgericht vnnd seinem Jnnhalt Volzug gethon worden ist, vnnd wöllend hier Jnn nit

sew-

sewmig sein, sonnder das also mit Ernnst vnnd
stattlich handeln vnnd thun, wie Jr als Bunds-
uerwandte nach vermög der Aynung schuldig
seit, vnnd wir vnns vnzweifenlich verlaßen,
das wöllen wir vmb Euch gunstlich beschulden,
frundlich vnnd willig verdienen. Datum Sonntags Exaudj Anno ꝛc. ꝛc. xiiij.

Der erste eingelegte Zettel.

Besonnder lieb vnnd gut frund, wir wöllen Euch dabey nit verhalten, das genannter
Göz von Berlichingen von vnserm gnedigen
Herrn vnd Obristen Veldhauptmann Herzog Wilhelmen in Bayrn ꝛc. dermaß angenomen, das
Er deß Lebens vnnd Ewiger Gesengknus Jm
Thurn gesichert, darumb Jr vnser Befelch an
Euch so er sich diz pillichen Vrfehds widersetzen,
vnd Jr Jn wie vnnser enntlich Mainung Jst, ein-
legen werdt, das Jr Jn demselben nach gemäß
halten wöllt, datum vt in literis.

Der zweite eingelegte Zettel.

Vuns ist nit wider, das Jr Gözen von
Berlichingen vnnser schrifft, so wir Euch hiemit thun, außerhalb diz vnnd deß andern ein-
gelegten Zettels, laßen laßt.

C   Ex-

13.

Extract Conc. Relation der Heilbronnischen Abgeordneten auf den Bundstag nach Eßlingen.

Erwürdig Wolgeborn ꝛc. E. Gnaden vnd Gunst geben wir die Gesandten von Heylpronn zu erckennen ꝛc. ꝛc. — darauff wir Vns als die gehorsamen gen Heylpronn zu E. erbarn Stadt gefugtt selbigs angezaigtt, die als bald die yren mit sampt der Coppei des Vrsehds zu Götzen zu gehen verordneten, dieselben verordneten In Namen des Radts Götzen das Vrsehd vorlassen, auch Im sich darinen zu ersehen, selbs zu lessen gaben, darauff Götz geantwurtt: Jm seye rytterlich Gefancknus zugesagt, stelle Er in kainen Zweyfel sy werde Im gehälten, zu dem sye er des Trosts das sein Schwager Franciscus von Sickingen vnd andere seine Hern vnd Frundtschaft in Handlung seye, das Er verhoffe, sien Sach solle besser werden. Er kunnte vnd bedurfe auch hinder Franciscus seiner Rytterschafft hierin vnd in Vrsehd zu geen, noch sich on yren Radt zu bewilligen, Aber Jn sehe fur gutt an, seine Hern des Bundts stalten Jm zu Konig Karls new erwellten romischen Konigs handen, so sollte manigklich seen, das er sich rytterlich hallten woll, oder halt Jn wie andere

dere ryttermeſſige die auch in der Vehd betretten weren worden, als aber nach ſollicher ſeiner Antwurtt die Verordneten von Radts wegen als die es gern gut hetten geſeen, mit Jm Götzen ongever geſprochen als ſie ſich ſelber von Radts wegen von denen Artikeln ainem auch andern vnd ſonderlich der 2000 fl. halben. Desgleychen Martin Bing halben vnd der andern nachfolgenden Artikeln diſputtirten vnd red anſetzten Jn Götzen zu etwas zu pringen das aber nit wollt, ſonder er Götz belieb auf ſeiner vorigen antwortt ꝛc.

14.

Schreiben einiger heilbronniſchen Rathsglieder an hieſige Abgeordnete auf den Bundstag nach Eßlingen. Dienſtag nach Exaudi Anno 1519.

Vnſer frundtlich willig Dienſt zuvor lieben Hern vnd gutten Frund. Wir bitten Jhr wollendt als vns nit zwiffellt allen muglichen Fleyß furwenden, ob ir vns ſollicher merklicher Beſchwerd, die wir for allen Verwandten des Bundts deshalbr tragen vnd erleyten muſſen ꝛc. eintledigen. Den Jr wiſſendt wie beſchwerlich es Vns gegen ſeyner (Götzens v. Berlich.) Frundtſchafft allem Adell vnd Nachpor ſeyn wurdt,

wurdt, wie wyr auch denselbigen gelegen dar‑
us In vnd Vns Vorabt erwachsen mag, so wiſ‑
ſen Wire auch daß Herzog Wilhelm als ober‑
ſter Hauptmann Hrn. Gorgen von Fruntſperg
Ritter zu E. erbarn Rabt geſchickt, der dan vff
das ernſtlichſt eim Rabt angebracht, von ſeiner
Gnaden wegen daß ſein Gnaben Götzen von
Berlichingen zu einer reytterlichen Geſangknuß
hett angenommen, der weyß auch ſeiner Gena‑
den Gemütt wer inen zu halten vnd in Vnſer
Statt Heilpronn vertagtt in ein Herperg zu
ſchweren darumb wer ſeiner Fürſtlichen Gnaben
Gemütt vnd Begert an Vns wytter oder anderſt
rechten oder Gewaltts nimannten gegen Im
zu geſtatten oder vergonen, begert daruff des
Vnſer Zuſagung vnd Schein deß Wyr bewilligt,
wey dan Her Jorg von Frontſperg gut wiſſen
tragt, ſollten wyr In nunn zu Thurn legen,
wer der reytterlichen Geſangknus ſeinem als dem
oberſten Hauptmann vnd Vnſern Zuſagen vnd
bewillichen vngemeſſ vnd beſorg vns on ſunder‑
lich Befell Hertzog Wilhelms verwißlich. Item
ſo iſt er Götz von Berlichen Vnſer der von Heil‑
pronn gefangener allein nit, ſunder Hertzog
Wilhelms vnd fillicht des gantzen Bundts.
Sollten dann wir von Helpronn allein dermaſſ
ſo ernſtlich hanblenn, wider Herzog Wilhelms
als oberſten Hauptmanns Befell, wer Vns be‑
ſchwer‑

schwerlich vnd wann es nit besser mocht werden, so geschee es doch billich durch Vnsers Herrn Hertzog Wilhelms vnd des Bundes Verorttenten vnd nit allein durch Buß, mochten Wyr auch dest baß verantwurtten ben Wyr werden es allein nit konnen ußrichten, als Jr selbs wolle verstenn mogen, aber so wyr gantz vertragen sein mochten wer das best ꝛc.

Conrad Erer und Hanß Wyßbrunn.

15.

Extr. Schreibens der Bunds-Versamlung zu Eßlingen, ddo. Mittwoch nach Exaudi 1519.

u. Zum hochsten gunstiglich vnd fruntlich Bittend Jr wollent zusampt Maister Wolfgang Gronnynger der von Eßlingen Sindicus diesem gegenwerttigen ben Wir darumb sonderlich abgefertiget haben, yemannd aus euch zu der Sach geschickt vnd verstendig zum furderlichsten zu beturten Gotzen verordnen ꝛc. ꝛc. Vnd sobald auch sollicher Fürhalt von Maister Wolfgangen vnd Ewern verordnetten Jn Vnserm Namen im beschehen, Ist vnser Sonderlich Befelch ꝛc.

Nota:
Im übrigen ist dieses Schreiben mit obigen ddo. Sonntags Exaudi völlig gleichlautend.

Dem

Dem Eßlingischen Syndico wurden zehen Heilbronnische Rathsherrn als Commiſſarien an die Seiten geſezt.

16.

Gözens von Berlichingen eigenhändige Ercklärungen über die ihm vorgelegte Urſede.

Erſtlich lyben Hern, vnd Frunt ſo hab ich Eur Anbringen von wegen der gemeinen ſtenden des Bundts alſo verſtanten, Schatzung Atzung zu geben vnd borneben zu verbindten, das mich nit vnbillig befremt, das man mich weyter vnd feſter helt, dan ein andern vom Adel auch hyvor mich vber by Rytterlich Gefencknıß, by mir zugeſagt iſt, das ich bewyſen kan, in ein Dybſthurn gelegt vnd borneben auch gefencklich enthalten, das ich doch keins wegs verdint hab, ſunder mich in meiner Gefencknıß wy ich verſtrickt bin geweſen, gehalten wy eim ryttermeßigen vnd frumem vom Adel wol anſtat. Darum mein dynſtlich Bit Ir wölt mein gnädigſt vnd gnädig Hern dy Furſten auch ander mein gnebigen gunſtigen Hern vnd Frunt von Jrem Furnemen weyſen, vnd von mein wegen vfs allerunterteinigiſt biten das Sy ir VnGnadt ſo ſy vnbillig zu mir haben, abſtelen
wö-

wöſen, angeſehen daß ych ye geneigt bin, ben
ern noch zu handeln vnd mych vff Form vnd
Moß ledig zeleh, wy hernoch folgt, Erſtlich
gyb ich euch zu erkenen, daß ich verſte wy daß
mein gnädigſt vnnd gnedigen Herrn auch ander
mein Hern vnd Frunt mein thalb in Handelung
ſten ſolen, dorumb Jr als by verſtentigen erachten kunt mich auſſerhalb in Handelung in
nichts zu begeben, angeſehen das mir meines
Verſtandes nit wol anſtunt mich on irn Wyſſen
in etwas zu bewyligen.

Aber nychs deſtminder ſo wyl ich mich des
bewyligen dywehl ich doch auch R. M. vnſers
alergnedigiſten Herrn gefangner bin, das ich
mych frey an K. M. ergeben wyl, was ſeyn
K. M. mit mir macht, das wyl ich leydten.

Wu das nit ſeyn wyl, das ich mich doch
der Bylickeit noch nit verſy, ſo wyl ich mich
bewiligen das ich meins gnedigen Herrn Herzog
Ulrichs halb ſeiner F. G. Jedt nicht annemen
noch Hylf oder Furſchub ton, auch dorneben
ein alt Vrfeht wy bey der Ryterſchaft von Al-
ter herkommens iſt ton.

Item ob auch mein gnädigſt vnd gnäd. Hern
by Fürſten oder ander mein gnebigen ganſen
Hernn vnd Frunt auch Stent im Bund achten

das

das ich um etlich Zuspruch ober Forderung so ich zu dyser Zeit zu Inn hat ober vermeint zu haben so wyl ich mich auch bewylligen das ich dyselben spruch frei an K. M. vnsern alergnedigisten Kunig gestalt wyl haben.

Item vnd bywenl ich verste, das geredt wyl werden dy Landtsknecht solen mich geschetzt haben, dorzu sag ich das myr wyder Got Er vnd recht mit Gewalt Vnrecht geschicht, das etz was sen so ist der gemein Kriegsbrauch wan man ein schatzt ob er weniger wer dan ein vom Adel, so ist er on al entgeltnis frey letig vnd das war sey so. hot mich Her Jorg Druchses gefrogt, ob mich dy Knecht geschetzt haben, habe ich frey gesagt, Nein, so welt ich auch gern wysen wy wol es den Landtsknecht anstunt, wan sy mich geschetzt heten vnd mich nochvolget solten vberantworten, aus den vnd andern syl Vrsachen die ich wol mer mit Worheit wyst anzuzeigen, mogen mein gnädigst, gnäd. vnd gunstigen Hernn vnd Frunt abnemen das mir mit Gewalt Vnrecht geschicht, das megt ich mit Got vnd guten Ern behalten bey der Pflicht dem ich den Krichs Redten von wegen aler Bunt Stentzs geton hab, ist in dem auch mein hinstllch Bit Jr wellt mein g. g. vnd gunstigen Hern vnd al Stendt im Bundt von meintwegen vff das hochst vnd vntertenigist biten,

mich

mich nit weiter zu bringen, angesehen Recht
vnd Byllickeit, her ich mich versy. das al Stendt
im Bunt derselben holt sein rc.

     Götz von Berlichingen zu Hornbergt.

17.

Schreiben Franzens von Sickingen vnd der
  bey ihm befindlichen Ritterschaft an Heilbronn ddo. Leutzingen Sambstags nach
  Exaudi 1519.

Vnsern gunstlichen grues freuntlich vnd
willig Dienst seyen Euch zuuor berait. Welcher massen der vest Götz von Berlichingen vnnser besonder lieber Vetter, Frundt vnd Swa-
ger. In ainer Fürstlichen Eerlichen Vehd nidergelegen; in Ritterlich Gefengknis angenomen,
vnd in Ewer Stat Hailpronnen als der ver-
trauten betagt worden, ist Euch wissend. Vnns
lanngt aber yetz glauplich an. Wie vnterstan-
den werden soll, Ine auß derselben Stat Hailpronnen in andere ennde, hin vnd her zu schlaiffen, Vnnsers achtens on viler hoher vnd Ade-
licher Stende des Bundts zu Schwaben Beuel
oder Wissen. Diewenl Er nun wie obgemelt,
in Ew. Stat betagt, sich daselbst noch auch zu
euch oder den Ewern darfur wirs gentzlich haben, keins argen versicht, Begern vnd bitten
          wir

wir all vnd yeder besonder mit gunstigem vnd freuntlichen Bleiß, Ir wöllet genanten Götzen auß Ew. Stat nit nemen, noch dar Innen durch yemands vergeweltigen, sondern In dafür schuzen, auch in erlicher ritterlicher Gefengknuß, wie dan im zugesagt, vnd vns Vertröstung geschehen ist, behalten bleiben, vnd euch darwider durch etlich Bundtsverwandten seine Mißgönner nit bewegen lassen, Dan wir ye dafür halten, das gemainer Stend Gemiet obermassen Beuelh nit sey. Solt aber sollichs geschehen, vnd Götz ober Ime gethane Zusagung, vnd vnns beschehne Vertröstung durch yemandts vnd in Ewer Stat beschwert werden, kund Ir als die verstendigen ermessen, was Vnrat Euch gemainer Stat vnd Ewern Nachkomen darauß erwachsen mag, das alles Wir besonder Ewer vnd auch anderer halben lieber verhuet vnnd vermitten sehen wolten, dann vnns ye mit nichten Ernhalb gemaint noch zu gedulben, wa gegen Götzen anders dann mit ritterlicher Fengknus vnd Ine auß der Stat Hailpronn zu schlaiffen furgenumen wurd, dagegen zu berüegen, soender dawiber furzunemen vnd zu trachten das man Spuren solt, vnns solchs von Vnnsern vnd gemainer Ritterschafft wegen lgib vnd nit lieb wers, Wir sein aber wo Vnserm Begern Volg beschicht, Euch vnd gemainer Ewer

Stat,

Stat, die vnns sonst Fruntschafft vnd Gefallen
erzaigt habeñ, zů freuntlichem vnd gefelligem
Willen genaigter. Vnd wie wol wir Vnns des
alles der Billichait nach zu Euch als den Erbarn zugeschehen versehen. Begern Wir doch in
disem Ewer freuntlich gunstig beschriben Antwort bey disem vnnserm Botten. Datl. Lentzingen, Sampstags nach Exaudj Anno 1519.

Franciscus von Sickingen, keys:
May. in Hispanien Ertzhertzogen
zu Oesterreich Obrister Leuttinant.

Johann Graf zu Nassaw, Her
zu Beyelstain.

Schengkh Ernst Freyher zu Taut-
tenberg all Grafen Herrn Ritter
vnd die vom Adel, So bey mir
Franciscus von Sickingen, obgemelt zu Lentzingen versamelt ligen.

Auffschrifft.

Den Fürsichtigen Ersamen vnd Weysen
Burgermaister vnd Rat der Stat Haillprunen.
Vnnsern besondern lieben vnd guten
Frunden.

18.

Schreiben Herrn Jörg von Frontspergs an Heilbronn, aus dem Lager bey Vachingen den 11ten Juny 1519.

Mein freuntlich dienst zuuor besonder guet Frunde. Ich wirde glewblich bericht, Wie Ir Götzen von Perlichingen fennklichen angenomen vnd Jne in ainen Diebs thurn gelegt haben sullet das dan wider alle Handelung were so Jm durch meinen gnedigen Hern Hertzog Wilhelmen von Bairn ꝛc. der Ritterschafft, der vom Abel vnd die Kriegs Rete beschehen vnd zuegesagt ist, besgleichen wer es dem Abschid vnd Handlung nach mit Euch seinthalben vngleich gethan. So fer denn dem also were, des ich mich doch keineswegs zu Euch nit versieh, sonder werde an Jme von Euch gueter Glauben gehalten, oder wie es ain gestalt het, Ist mein Beger mich deshalben entlich vnd grintlichen eylends berichten wellet. Vnd wo es je also were, so ist abermal mein pit vnd beger, mit Jme pis auf weittern meinen Beschaid vnd Vnderricht in mitler Zeit in nichtzig eylen, furnemen noch handlen, damit desbalben weitter Vnrat so daraus entsteen möchte, durch die Ritterschafft vnd ander verlyben werde, vnd das nicht vnderlassen, darauf wil Ich von Euch fürderlichs Bescheids bey

disem

difem meinem Poten gewertig fein, Datum im Velbleger bey Faichingen am 11ten Junj Anno donj ꝛc. im 19⁰.

G. v. Frundsberg.

19.

Extract Conc. Heilbronnischen Antw. Schr. f. d. et l.

Geſtrenger Edler vnd Ernveſter, vnſer wylligᷣ dienſt, auch was wir Ern vnd guts vermogen zuuor an, gunſtiger lieber Her. Ewer Schreiben den Edlen vnd Ernveſten Götzen von Berlichingen betr. haben wir yrs Innhalts vernomen, vnd zu bericht hat es die geſtalt ꝛc. —. ꝛc. dieweyl es dan ye hat müſſen ſein, war er Götz zu Gefancknuß zu geen angenomen, aber nach volgendts haben Wir Im zu Ern ſollich Gefencknuß gemildert vnd auf vnſer rabthaus in ain luſtig Stuben laſſen thun, vnd wo es in vnſerm Gemueth vnd Willen ſtundt, liber gar ledig ſtellen, mogt yr vns in gantzer Warhaytt glauben vnd getrwuen mit ſo fleyſiger Bytt vns ſolchs nit zu verargen ꝛc.

Anmerk. Heilbronn berichtete dieſen Vorgang ſogleich an den Bundshauptmann, ſuchte bey den benachbarten Reichsſtädten und hauptſächlich bey Freiherrn Chriſtoph von Schwar-

Schwarzenberg, des Schwäbischen Bunds Statthaltern über das Herzogthum Würtenberg um Hülfe an. Lezterer erließ Befehle an die benachbarte Würtenbergische Amtleute, der Stadt bey einem Angriff, sogleich beizuspringen, versprach 400 Knechte, und ordnete den I. t. Königspach ab, sich mit hiesigen Deputirten ins Lager zu begeben, die Sache zu vermitteln. In dem Heilbronnl. Schreiben an die Regierung des Herzogthums Würtenberg wird der von Götzen selbst in seinem Leben beschriebene unzeitige Ausbruch seines Heldenmuths bey seiner Einthürnung folgendermaßen bestätiget.

20.

Extract Heilbronl. Schreibens an die Würtenbergische Regierung ddo. Freitags nach Exaudi 1519.

Wolgeborn gestrenng Edel Hochgelert ꝛc. E. G. vnd Gunst fugen wir zu wyssen ꝛc. — ꝛt. Also hat Götz solche Vrseh kains wegs wollen annemen, sonder sich in die were gestelt dermaßen doch er in Namen gemeins Bunds mit Gwalt hat müssen angenomen vnd zu Gefancknus gefurt werden ꝛc.

21.

21.

Schreiben Herrn Jörg von Frontspergs an
Heilbronn ddo. 13. Junii A. 1519.

Mein fruntlich Dienst sein Euch zuvor sonder guet Frundt. Ewer Antwort betr. Götzen von Berlichingen, hab ich vernomen, vnd daraß gefallen, aber daz Geschray daz Im nit Glauben gehalten werden soll, ist vnder die Raisigen vnnd daz Fuessvolkh so weyt khumen daz ich sorg, es werde Euch deßhalben zuziehen, daraus Euch Vnrath entsteen möcht, will aber Verhuettens halben sein so lang Ich mag, darauf Euch zu guet schickh Ich hiemit zu Euch in Eyll meinen Leytenendt Jacoben von Wertnaw, mit Schrifften vnd Abschrifften auch mündlicher Werbung mit Euch des Götzen halben zu handeln wie Ir dann von Im vernemen werdet, darInnen wellet Im gleich als mir selbs dißmals glauben, vnnd Pitt Euch Ir wellet bedencken was Nachthail Euch daraus entsteen möcht, verhuett vnd abgestellt werd, daz woit Ich Euch gueter Maynung nit verhalten, Datum jm Veldleger zu Ennzwehingen am 13. Tag Junj A. 19°

Jörg von Fröntsperg
Ritter.

22.

Extr. der Stadt Antwort Schreibens ddo. Donnerstag nach dem Pfingsttag Ao. 1519.

Gestrenger ꝛc. Im Handel gegen den Edel vnd Vesten Götzen von Berlichingen haben Wir mit sampt dem Edlen vnd Ernvesten Jacoben von Wernaw ain Abredt geton lautt der Articſel so E. G. zuschickt ꝛc. vnd wo es ymer byttlich vnd moglich were vnser flaihyg vnd sienßig Bytt E. G. wolte selbst personlich zu vns herein gen Heylpronn komen, sollichs helfen endtlich zu vollstrecken ꝛc.

23.

Hrn. Jorg von Frontspergs Urckunde über den von ihm vermittelten Vergleich ddo. 17ten Junii 1519.

Ich Georg von Freuntsperg zu Mindelhaim Ritter Obrister Veldthauptmann der Graffschafft Tyrol vnd diser Zeit kuniglicher Mayestat zu Hyspanien, veber alles Fußvolgkh Obrister Hauptmann, Beckenn. Nachdem sich sachen zuegetragen haben, das Götz von Berlichingen in der Stat Hailpronnen aus seiner ritterlichen Gefengknus darinnen Er dem Pundt zu Swaben

ben verpunben. Auf beſſelbigen Punbts, verordnet Commiſſarien oftmalen emſig anſuchen vnd
ernſtlichen geſchehenen Beuelch in ainen Thurn
gelegt iſt, des ſich dann Frantziſcus von Sickingen, ſampt ſainem rayſigen Zeug, den Wolgebornen Grafen, Freyherrn, Rittern vnd
Knechten vom Abel, desgleichen die Fueßknecht
ſo Götzen niber geworffen vnd dann gemainiglich
alle andere des gantzen Fueßhauffens Grafen,
Herren, Ritter andere vom Abel Hauptleut vnd
Knecht, die yetz im Veldt vor Hailpronnen ne-
ben-obgemelts Frantziſcus rayſigen Zeug in kü-
nigklicher Mayeſtät zu Hyſpanien ꝛc Dienſtli-
gen, hoch vnd mercklich beſchwert mit ernſthaff-
ter erhalgung ſollichs nit, zu verbulten vnd doch
in beſtern zu vermeydten Weytterung vnd andern
Vnrat ſo daraus flieſſen möcht, mich vleyſſig-
klich vnd größlich angeſucht vnd gebetten haben,
darob vnd daran zu ſein, auf Weg vnd Mittel
zu trachten, damit Götz, widerum in ſein ritterliche Im zugeſagte Geſengknus allermaſſen
wie vorgeſtellt wurd, auf ſolch der Grafen,
Herrn, Gemainer Ritterſchafft, Hauptleut vnd
Knecht balder Hauffen zu Roß vnd Fueß freunt-
lichn vnd der obgemelten von Hailpronnen, damit ſy biſer ſachen halben zu billicher Entſchafft
vnd friden kommen, flechlich begern, vnd bitten, auch aus andern moeglichen beweglichen

D   Ve-

Vrsachen hab ich als Bundtsverwandter vnd sonnderlich kunigklicher Mayestat zu Hyspanien obgemelt Diensts halben dar Jnn ich diser Zeit stee, damit mir dar Jnn Jrer kunigklichen Maye= stät zu hohem Nachthail kain Verhindrung er= wuechs, mich Jm besten, baiden tailen zu ge= fallen, vnd guetem vnd kainer andern Gestalt solcher sachen vnd Handlung, die Jch nit fuegk= lich gewisst abzuschlagen, beladen, vnd nach gros= ser vil gehapter Müe gethanem Vleyss vnd Vn= derhandlung diselb dahin bracht, vertragen vnd bethedingt auf mas vnd form, wie Artigkels weys nachuolgt.

Am Ersten sol Götz von Berllchingen Sich in allerwass wieuor in die Herberg darin er ge= sem, vnd in Ritterliche Gefengknus vertagt, dartzue mit glübben verfaßt gewest widerumb in dieselbig ritterliche Gefengknus stellen vnd bey solchen phlichten Er wie uor dar Innen zu beleiben verpunden gewesen, hinfür dar Innen beleiben sol, als er dann dem strenngen Herrn Jörgen von Freuntsperg Ritter ꝛc. zu thun bey Edelmanns Glauben auf die vorgethan seine phlicht zugesagt hat, vnd ob er abgefangen wur= de, sich wie vor in all weg widerumb darain gen Hailpronn zu stellen schuldig sein sol.

Am andern, das die von Hailpronn sich Verschreyben vnd zuesagen, Götzen ain Jar lang

ain

ain Ritterliche Gefengknus zu laſſen vnd zu halten wie er dann erſtlich herein gen Haylpronn in das Wirthshaus vertagt kommen vnd gelobt hat, vnd Jne in der Zeit niemands heraus zu geben noch volgen laſſen, Es were dann das mit Wiſſen vnd Willen gemaindts Pundts Götz von Hertzog Wilhelmen in Bayern vnd des Pundts Kriegs Rethe die Im bey trawen vnd glauben ritterliche Gefengknuß zugeſagt haben, vnd zu ſolcher ſeiner Gefengknus Handlung vom Pundt ſonnderlich verordnet geweſt ſein, ſo uil der yederzeyt bey Leben, ſammentlich vnd ainhelligklich ritterlicher Gefengknus gleich oder gemeſſ gefordert oder gemant wurde, wie mit Jnen Abrede beſchehen iſt, oder das in mittler Zeit Vom Pundt die ſachen geringert, oder Götz ganz mit dem Pundt vertragen wurde.

Zum Dritten, ob yemandts des Hanndels halb der Pundts-Verwandten von Götzen wegen in mittler Zeit niderlege, ſol ſich Götz deſſelbigen zu ſeiner erledigung nichts zu behelffen haben oder mügen.

Zum Vierdten, ſo das Jar wie oblaut verſchienen, vnd darinnen nichts gehandelt, ſoll nicht deſtweniger Götzen füraus ſein ritterlich Gefengknus beleiben, vnd wie zuegeſagt iſt bayderſeyts on ainich Enderung gehalten werden.

Auch

Auch er Götz in gethaner seiner Verpflichtung fur vnd fur steen, vnd in annder ende ausserhalb der Stat Hailpronn bis zu seiner entlichen entledigung nit gefuert noch gemant oder betagt, sonnder bey obgemelt ritterlicher Gefengknus gelassen, vnd dieselb an Jme vnuerbrochenlich gehalten werden sol rc.

Diese Abred Vertrag oder Betedigung ist allhie zu Hailpronnen beschehen, von allen thailen bewilligt, angenommen, zu halten zugesagt, vnd versprochen worden. Des zu warer Vrkundt habe Ich darüber diser schrifften fünf gleichlautend mit meinem aufgedruckten Bettschafft verferttigen lassen, vnd aignem Haubtzaichen verzeichnet, dero eine den Stenden des Pundts zu Swaben zugeschigckht, die ander mir selbst behalten, Frantzen obgemelt die 1 britte, der Stat Hailpronn die vierdte vnd Götzen von Berlichingen die fünfte behandet vnd vbergeben. Freytags den Sibenzehenden des Monats Juny Anno Dom. Funfzehen Hunbert vnd im Neunzehenden.

(L. S.) Jorg von Frontsperg Rittter.

24.

Extr. Schreibens des Bunds Hauptmanns Ulrich Arzts an Heilbronn. ddo. Sonntags Trinitatis Ao. 1519.

Ersamen vnd Weysen mein freuntlich williq Dienst voran lieben Hern, Ewer Schreyben von wegen Hern Jörgen von Fronntspergs vnd des von Sickingen Ansuchen Götzen von Berlichingen Fengknus betreffend rc. vergangener Tag an mich gelangt, hab ich vernomen vnd das von stund an meinem gnebigen Hern Hertzog Wilhelmen zu Bayern rc. vnd die andern meine Zwen mit Bundts Hauptlewt gebracht, daruff ist durch sy vnd mich als diser Zeitt für das fruchtbarlichst berattschagt vnd der Sach halb Schrifften an Kunigl. Mayestät von Hiespanien Comissarien vnd Her Jorg von Fronntsperg mit Einschliessung Coppeyen Ewers Anruffens, hiemit geuertigt rc.

25.

Extr. Schreibens der drey Hauptleute des Schwäbischen Bunds an die Kaiserlichen Comissarien ddo. Sontags Trinitatis Ao. 1519.

Hochwürdigster Fürst gnedigister Herr, Wolgepornen Edeln rc. Mir der Stett Haubtmann ist

ist von den von Hailpronn ain Schrift, laut hierin verwartter Copej, zu kommen ꝛc. — ꝛc. So ist an E. F. G. vnd Gonst vnser vndertänig vnd vleißig pitt E. F. G. wolle allenthalben nach Gelegenhait der Sach wie pillich beschicht beherzigen vnd mit Hern Jorgen von Frontsperg vnd dem von Sickingen als kuniglicher Mayestät von Hyspanien vnd des Haußs Osterreich Dienern, Verwandten vnd Jren Anhengern eylents vnd zustundt das sy den von Hailprunn nichtzit bann das mit Jnen verschafft ist, thun, kains argen oder vnguts gewarten, sy oder die Jren mit nichten beschedigen vnd gemain Stend des Bundes an Jrem fugelichen vorhaben vnbetruebt lassen, auch anders so darauß entsteen möcht vmbgangen mit höchstem Ernst verfuegen, sy dazu vermugen vnd halten ꝛc.

26.

Schreiben der drey Hauptleute des Schwäbischen Bunds an Hrn. Jorgen von Fronntsperg, welches aber erst nach zu stand gebrachten Vergleich eingelauffen. ddo. Sonntags Trinitatis Ao. 1519.

Vnser fruntlich willig Dienst zuuor Edler vnd gestrenger lieber Vetter vnd Gunstiger Herr. Mit der Stet Hauptmann ist von den Von Hail-

Hailprunn ain Schrifft laut hier Inn verwarter Copey zu kommen, die haben wir nach gestalt der Sach nit mit klainer Beschwerd sonder mercklichem Befrembden vernommen, dann alles das so mit Gözen von Berlichingen durch die von Hailbrunn vnd gemains Bunds sonderlich gesannten fürgenommen, ist dergestalt durch vnser gnedigist vnd gnedig Herrn Churfürsten vnd Fürsten vnd gemain Stend des Bunds also wolbedächtlich auf nechstgehalten Bundstag zu Eßlingen beschlossen vnd mit Inen auff Ir widern zum höchsten verfugt, vnd sonderlich mit Wissen vnd gutem Willen vnnsers gnedigen Herrn Hertzog Wilhelms In Bayern als damals obersten Velbhauptmans In deren F. G. vnd gemainer Stend des Bunds Handt gedachter Göz von Berlichingen steet, beschehen, vnd dem, dauon Ir vnnd der von Sickingen melbung thun wöllend vnnd Gözen zugesagt sein soll, gar nit wider, auch niemands mainung anderst dann dasselb zu uollziehen, souer Göz das, so gemainer Bund für In par bezalt widerumb entricht, wiewol er, wie Ir wißt, vil ain mererer Summe zu geben versprochen hat, auch das Erber rechtmessig vnnd pillich Vrfehd dar Innen Im nichtzit dann das Er vom Rechten schuldig vnnd Im furgehalten ouffricht, dermassen vnnd anderer gestalt oder lennger nit, dann pis Er

D 4   dem-

demſelben als der pillichait Volg thut, Er In Gefangknus zu enthalten verſchaft, wie fugklich nun ober ſollichs dergleichen Anmutung von Euch vnnd dem von Sickingen an die von Hailprun gethan, iſt bey Euch ſelbs als den Hochuerſtendigen wol zu bedencken, vnnd dieweil Ir nun lieber Vetter vnnd gunſtiger Her, dem pundt zugethan ſeyt vnnd euch gar nit wider deſſelben Verwannten, desgleichen andern ſo mit Im pundt ſein, in diſem Fall zehanndeln gezimpt, auch Ir mögt ermeſſen wo ainicherlay dem pundt aus Eurm anhalten nachthails volgen, das ſollichs an Euch zu erhollen gedacht werden möcht, ſo iſt an Euch guter getrewer Maynung vnnſer Erſuchen frundtlich vnnd diennſtlich pitt, Ir wöllend den von Hailprun, die nichtzit dann das mit Inen zum büchſten verſchafft iſt, thun kains argen oder Vuguts gewarten, ſy oder die Iren mit nichten beſchedigen, oder zu beſchehen geſtatten, vnnd gemain Stend des punds an Irem fugklichen Vorhaben vnbetrübt laſſen, vnnd Euch hier Innen wie Ir gemainen Stenden vnnd Euch ſelbs zu gut ſchulbig ſeit, erzaigen das Wöllen Wir vmb Euch allzeit fruntlich vnd mit Vleis verdiennen. Datum Sonntags Trinitatis Anno 1790.

 Die brey gemain Haubtleut des Bunds zu Schwaben.

27.

27.

Schreiben Herrn Jörgs von Frontspergs an Heilbronn ddo. 22ten Junii Anno 1519.

Mein fruntlich Dienst zuvor guet frundt, mir ist ain Schreiben von den drei gemainen Hauptleuten des Pundts gestern zuekommen vnnd dar Innen ain Abschrifft wie Ir Inen geschriben habt. Vnd verstee daraus ewren Schreiben als lieb die Sach mir vnd Franciskhen von Sickingen euch von wegen Götzen von Perlichen zu vberziehen. Nu wist Ir wie Ich euch anfenklich zugeschriben vnd wie treulich ich Euch zu guet gehandlet hab. Demnach het ich mich zu euch nit versehen, mich also zu vervnglimpfen darauf ist mein Beger Ir wellend berürten dreien Hauptleuten ain Abschrifft meins ersten Schreibens euch gethan, zueschicken, vnd mich gegen Inen entschuldigen, desgleichen schick ich Inen auch ain Abschrifft des Schreibens so Ir mir gethan habt, des will ich mich zu euch versehen, damit der Vnpillichait nach kain Unschuld auf mich gelegt werde. Datum Mentz am 22. Tag Junii Ao. 1719.

Jörg von Frontsperg
Ritter.

28.

Extract Antwort Schreibens ddo. Dienstag nach Unserer lieben Frauen Tag Visitationis 1519.

⁊c.

Günstiger lieber Her vnd Frundt Ewern nechsten Schreiben ⁊c. nach schicken Wir E. G. hiemit Abschrysst der zwey Brief Ewers Begerens vnd fügen habey zu wyssen das vnser gesannte Bottschafft vor Vnserm Herrn dem Haubtmann vnd etlichen des Bundts so vill sy der jetzt erraichen haben mogen ⁊c. derselbigen guetwylligen flyssge Handelnng mit Vns auf das flyssigist vnd allertrewlichist gethan zum hochsten entschuldigt haben, mit Anzaigung das E. G. vaterlich rytterlich vnd als ain getrewer Bundts-Genoß gehandelt ⁊c.

29.

Extract der Stadt Instruction an ihren Abgeordneten nach Augspurg, die Rechtfertigung ihres Vergleichs wegen Götzen von Berlichingen Gefangenschafft betreffend. Freytags nach Pfingsten 1519.

⁊c. Als nun Franciscus von Sickingen Ratsigen der Grauen, Freyherrn Rittern von Abellhaupt-

Hauptleutte vnd Knechte beider Hauffen zu Roß vnd Fuß der gewar wurden, haben sy sich mit dem ganzen hellen Hauffen der Statt Haylpron genehert hinein geschriben, geschickt einbotten vnd begert Jnen Gözen zuzustellenn oder widerumb in sein zugesagte ritterliche Gefangknus ꝛc. Widerum komen liessen, oder aber solliche ernstliche Handlung gegen gemainer Statt Hailpron vnd den Jren fuzunemen, die Jn zu verberben vnwiderbringlichem Schaden raicht mit vberziehen, die Dörfer verbrennen, verberben, die Frucht vnd Waingarten schlaiffen, auch der Statt wo muglich zu schaden, wie sy sich dann des offenlich haben lassen vernemen hören, vnd sehen lassen, Wie dann Jr Obristen die den stenden des Bundts vnd der Statt Haylpronn guts gynnen, bey höchstem Trawen vnd Glauben das es war sey, angesagt, vnd wolten auch nit von dannen weichen, noch abschaiben es were dann geschehen, oder wollten darumben Jr Layb vnd Leben wagen, verlyeren vnd darstrecken, man muſt Gözen sein Zusagen vnd ritterliche Gesengknus halten, vnnd kurtzs ob das vnnd kain anders, dem Gözen geschehe Vnrecht, Jm seye anderſt zugesagt worden, nit zu thurmen, sonder ain Riltterlich Gefangknus des sich die von Haylpron nit vnpillich Hoch vnd mercklich beschwerdt, vns der Beschwerd vnd

vnd Ernſt ſy die Jren zu Jnen in das Leger abgeuortigt für laſſen halten, Götzs lig nit Jn des Rabts ſonder in des Bundts Geſangknus ꝛc. das alles nit ſein hatt wollen, dann kurtzs das vnd kain anderes vnd von ſtund an gegen vns angemaſt den Trunck im Leger einander daruff bracht, do nun der Rabt nit Verer hatt megen komen vnd ſahen den ernſt vnd Mocht dem Rabt zu Haylpron kain Bedacht noch Verzug ge= deyhen ꝛc. — ꝛc. Zu dem ſolten die Jm Leger den Angryff gethan, vnd dyßer Zeitt der Ern Frucht vnd Weingartten, ſo ſy der arm Man nach vergangen ſchwern thewernn Jaren em= pfangen ſolt haben, geſchlaifft vnd verberbbt vnd die Jn Mangell geſtanden Dörffer verbrendt, vnd verherbt, ſo iſt die Gemain zu Haylpronn ſo ernſtlich, das ſy Götzen zu tod geſchlagen auch ſein Hawstraw die groß ſchwanger iſt mit Jm, on andere emperung ſo ſich erhept hett ꝛc. — ꝛc. aus der Nott vnd kainer andern Vrſach iſt der Rabt in die Abred mitel vnd Weg mit Rabt vnd Hillff bemelts Hrn. Jörgen von Frounſperg Ritter als Bundts-Verwandten vnd Mitlers ꝛc. Vnder thaydigern berürts Hern Lieten des Regiments zu Stukgarten ꝛc. in allem guttem gangen lawt der Abredt durch ſein Streng= haitt auffgericht vnd verhofft der Rabt mit ſampt Hern Jorgen vnd dem Licent. der groſſen Nott

vnd

vnd Gefahrlichaitt so den Stenden des Bundts auch dem Rabt vnd den Jren daruff gestanden, biweill doch den Herrn des Bundts nichtzit daran gelegen vnd Götz ain Weg wie den andern gefangen vnd dan der Bund niemandts zu Beschwerb sonder zu Frid vnd Ainigkaitt furgenomen nit vnzimlich gehandellt dan ain Erber Rabt des Gasts als die entlegenen den man doch an ander Ort wol hett mögen thun vnd darauf ihme groß Vnrw vntreglich Cost vnd Expens gangen vnd erloffen auch bei aller Rytterschafft gerings umb vnd sonst Vnwyllens, den sy lange Jare zu schaden denen Yren nit veberwinden werden, erlangtt haben, billich erlassen weren belyben ɾc. Sollichs hat ain erber Rabt zu Haylpronn Euch mainen Herrn Hauptleutten vnd Rätten nit wollen bergenn ɾc.

30.

Extr. P. Sti. hiesigen Raths Schreiben an dessen Abgeordneten nach Augspurg Sontags Trinitatis 1519.

ɾc. Nach dem in der Instruction statt, wie Wir Götzen aus dem Thurn genomen, in ain Stuben gethan ɾc. so hapt yr ewer Antwurtt vnd Entschuldigung seiner Krankhaytt halben —. Dan es ain zartter Man ist, vnd den bösen

Thurn nit hat mogen erleyden, er were geſtorben, were dem Bundt, in Anſehung er Leybs vnd Lebens geſichert, beſchwerlich vnd kainswegs zu verantwurtten auch hoch verweyßlich ꝛc.

31.

Extr. Schreibens der zu Nördlingen verſamelten Bunds Ståndte Geſandten an Heilbronn. Sambſtags nach Jacobi 1519.

ꝛc. Auf vnſern newlichen Befelch in kurtz ewern Geſandten, Götzen von Berlichingen halb, gegeben, tragen Wyr nit klain Befrembden, das vnns noch bisher deshalb kain Verſtannt wie die Sach ſtet zukomen, iſt demnach vnnſer ernſtlich Beger, das yr von ſtundt angeſicht ditz Brifs ewer Geſandten ſo in der Sach gehanndelt haben, zu Vnns hieher gen Nördlingen ſchicken vnnd Vnns der Sach halben lawttern Bericht thun laſſen, ferner danach habend zu richten. ꝛc.

32.

Extr. Schreibens hieſiger Abgeordneten von dem Bundstag zu Nördlingen S. d. et l.

ꝛc. Wir fuegen E. W. zu wiſſen das die Sach als vuns anſicht noch nit Vbel ſtett man hatt

hatt vnns in Götzen von Berlichingen Handel schon yetz und mundlich vnnd schryfftlich in der Bundts Versamlung nach der Lenge gehört vnd warten allein Beschayds der vns vber vnser fleyßig anhangen aus der vile mercklich geschafft der on Zall sind, noch bisher verzogen ꝛc. Man hat byßher mit dem Margraffen vnd denen von Nürnberg vnd der Landtschafft Wirtenberg so vil zu schaffen gehept das niemand für kont komen ꝛc.

33.

Fürschreiben einiger von Adel an das Kriegs Volck des Schwäbischen Bunds Götzens von Berlichingen Befreyung betr. Freytags nach Exaltat. Crucis 1519.

Vnser vnderthanig willig freintlich Dienst zuvoran, Wolgebornen Eblen Gestreng. Vesten gnedig gunstigen Hern Vetter schweger gut Freindt vnnd Gesellen auch all Hauptleut, Venerich, Weybeln vnnd from Landßknecht jetzo in Dinsten des Bunds zu Schwaben, vnnd sonderlich zu Haylprunn Euch ist (on Zweyffell) wollwissend, wie Götz von Berlichingen vnser Bruder Vetter Schwager ohem Freind vnd gutter Geselle von etlichen fromen Landsknechten zu Meckmulen gefangen ist worden, von den Im

auch

auch ritterlich Gefengknus zugesagt Es sein auch dieselbigen Landsknecht als Wir vernemen, von ettlichen Hauptleutten die nit bei der That gewesen, hoch vertrößt, sie sollen thon als from Landsknecht vnd gemelten Götzen nit vberantwurten, sie wollen mit dem hellen Haufen zu ihnen tretten, vber dis alles ist obgemelter Götz von Berlichingen Vnser Bruder, Vetter, Schwager Ohem Freind vnnd gutter Gesell dem Gemain Bund vberantwurttet worden, vnd von desselben Kriegs Retten gemelter Vnser Bruder vnnd Freindt furter in ain Ritterlich gefengknys gen Haylpronn in ains Wurtzhauß vertagt, aber vber sollichs Zusagen gweltigklich aus sollicher Herberg genomen, vnd in ain Diepsthurn (das er nit verdienet hat) gelegt wordenn, leit auch noch auf disen Tag zu Hallpronn in Verpflicht alda Im auch vnbillich zumuttung weiter dan Kriegsrecht auff Im tregt, begegnett, dartzu sein vff beyder seytten Leut nidergelegen vnder denselben ist kainer gehalten worden als Vnser freindt das vns dan nit vnbillich befrembt so er doch in disem Krieg nichts anders dan seines Herrn halb gehandelt hat, wie ainem von Adell woll ansiet, Er hat auch fur sich selber (als Wir achten) mit dem Bundt in vngut nicht zu thon gehapt wiewol er von verschinen Jaren ettlicher Fürsten vnd stett des Pundts Feindt gewesen,

ist

iſt er derſelben Sachen vertragen vnd gericht, darumb er ſollicher Haublung billich entladen wer. Nun langt vns neben dem allein an, es well geredt werden, vnſer Bruder vnd Freindt ſey geſchetzt wordenn, das gemelter Vnſer Bruder vnd freindt gar nit geſtett, vnd ſagt frey das kain grundlich Haublung mit Im geſchehen ſey. Niemand möge auch mit Warheit ſagenn, es iſt auch woll zu glauben, dan es wer ja ain vnbillich Sach wo In die Landßzknecht geſchetzt, vnd furter oberannttwurtt ſolten haben Dartzu langt Vns weyter an, das die Hauptleut vnd Landßknecht die Vuſern Bruder Freundt und Schwager gefangen Gelt vom Pundt empfangen ſollen haben, vnd Inen nachuolgens oberanttwurt. Das Wir doch den fromen Landsknechten gantz nit zuachten, verhoffen auch das ſollichs gemainer frumer Landßknecht Will oder Maynung nit ſey, dan dergleichen von Inen vormals nit erhort; Iſt hierauff Vnſer Vnderthenig freintlich vnd dinſtlich Bitt, E. G. Gunſt vnd Freintſchafft wellen ſollichs zu Hertzen nemen, angeſehen was allen frommen Rittern vnd Knechten Nachteyll vnd Red aufz diſem Handell erwachſen mocht, vnd daran ſeyn, das gemelter Vnſer Bruder vnd freindt wie Kriegs Gewonheit Inhellt, vnd auch fromen Landßknechten woll anzimpt vom Bund erlediget, oder auf das we-

E nigſt

nigst In k. Maylt. Vnsers allergnebigsten Herrn
Handt gestellt werbe, das wellen Wir zu der
Billichait vmb Ewer G. Gunst vnd Freindtschafft
auch vmb alle Kriegs Volck jetzo in des Bunds
Dienst versamellt vmb ain jeglichen insonderheit
mit Vnserm Leib vnd Gut vnderthenig- vnd willigen Dinsten allzeit verdinen. Datum auf Freytag nach Eraltat. Crucis Ao. ꝛc. 19.

Frantz vnd Joachim von Thyngen, geuettern.
Beyd, Philips vnd Karel Echter gebrueder
Thoman vnd Melchior von Roßenberg,
Philips vnd Wolff von Berlichingen.
Wilhelm vnd Karel von Schaumberg.
Philips Weys von Sewerbach.
Hans von Ernberg.
Philips von Rudickheim.
Lyps vnd Mangolt von Erberstain.
Ditherich vnd Caspar von Weyler.
Hans Jerg von Aschaußen.
Rud Sytzell.

Auffschrift.

Den Wolgebornen, Edlen, Strengen Erbern
vnd Vesten Hauptleuten, Venderichen,
Weybeln vnd gemainen Laudsknechten so
jetzo in Diensten des schwebischen Bunds
zu Haylpronn vnd anderswo versamelt
seindt ꝛc.

Vnsern

Vnsern gnebigenn gunstigen Heren lieben Schwegern, Oheim freinden vnd gutten Gsellen.

34.
Schreiben der Stadt an den Bundshauptmann. Sambstags nach Appllonia 1520.

Ernvester fürnemer vnd Weyser ꝛc. Vns langtt an vnd ist das Geschrey bey Vns wie Götz von Berlichingen aintweders durch Romisch vnd Hyspanisch kunigl. Mt. vnsern allergnedigisten Hernn ꝛc. oder durch Vnser gnadigist gnedig vnd günstig Hernn der Versamlung des Bundts im Landt zu Schwaben ꝛc. seiner Gefangknus, darinen er nunmer ein gutte Zeytt bey Vns gelegen ledig gelassen solle werden. Nun wyßt Ewer Furnemen, wie der Handell zwyschen Im Götzen vnd Vns stett, was wir von Gemains Bundtswegen gegen in haben müeßen handeln gefangcklich annemen, das Vns vnd gemainer Statt, wo er also vnnser vnbedacht solt hinweg komen, gantz beschwerlich ꝛc. — ꝛc. So ist an Ewer Furneme Vnser gar Fleyßig Bytt ob dem also were, das man In Götzen wellt ledig lassen ꝛc. das E. Furneme wolle günstiglichen darob sein, das Vnser nit vergessen sonder

sonder auch besonderlich als dann die Nottburfft erfordert, in den Vrfehden bedacht werde, damit Wir gemeine Statt vnd die Vnsern auch sicher vor Jm vnnd seinem Anhang vnd verwandten beleyben ꝛc.

35.

Antwort Schreiben des Bunds Hauptmanns Ulrich Arzts Mittwoch nach Valentini 1520.

Ersamen vnd Weysen mein frundtlich willig Dinst zuuor lieben Herren. Ewer Schreiben von wegen Götzen von Berlichingen ꝛc. yetzt an mich gelanngt, hab ich vernomen, vnd ist nit mynnder Götzen Frundtschafft aus Franncken vnd derselb Götz haben durch Schrifft bey denen Königl. Statthalltr vnd Reten vnd auch der Bundts Versamlunng gehanndellt vnd Anbringen gethan, was Jnen darauf für Antwurt gefallen ist, werden Jr ongezweiffelt bey Götzen wol vernemen. Aber ich will auf sollich Ewer Schreyben, wa auf diesem Bundtstag Götzen ledig lassens halb ychtzit weyters gehanndelt wirdt, allen getrewen Fleiß furwenden vnd anlern, das darynn Ewer nit vergessen sonder Jr versehen werden ꝛc.

36.

36.

Schreiben Franzens von Sickingen Vincula Petri 1521.

Vorsichtigen ersamen Wysen Hern vnd Insonder gutte Freund was ich liebs vnd gutts vermog sy vch mit Vleis zuuor bereit Ich byn ongezweyffelt Ir als die von der Erbarkeit synnt noch in frischer Gedechtnus was der Strenge Her Jorg von Frontsperg zu Mundelnheim Ritter, Kayserl. Mayestät in der Graffschafft Tyroll Obrister Velbthauptmann vnd ich Goetzen von Berlichingen vnsers fruntlichen lieben Swagers vnd syner Gefengnus halb mit uch Jn Handelung zu Zeit der Wirttenbergischen Vheb gestanden, vnd die Sachen damals also abgerett, vnd geteidingt worden, das Ir uch fry bewilligt, begeben vnd Zusag gethon, Goetzen in ritterlicher Gefengnus bis vff syne geburlich Erledigung in ewer Statt zu behalten, dawidder nit beschweren noch daruß Jn ander ende widder synen Willen füren oder verrucken zu lassen. Mich langt aber itzt an, als ob villeicht solicher Zusage Enderung gescheen soll, vnd Goetz entweder anderst gehalten oder vß ewer Statt zu beschwerlicher Verhafftung verruckt werden, das wo dem also gescheenen Abscheit und gethoner Zusage ganz ongemeß. Were auch obernannten

E 3 Hern

Hern Jorgen vnd mir so des noch mit uch von gemeyner Ritterschafft vnd alles Kriegs Folks wegen zu Roß vnd Fuß Götzen vnd syner Gefengnus halb gehandelt, wie Ir wissent, hochbeschwerlich vnd nit vnbillig zu mißfallen reichen, Wir versehen vns aber zu vch als ernliebenden haltung vnd keyner Verbrechung noch enderung des so Ir wie oblut zugesagt, deshalb myn gar fruntlich bitt, vch niemandts dawidder ichts furzunemen bewegen, oder Infuren zu lassen, sonder das so In massen wie obstet syn Götzen halb bewilligt vnd zugesagt, zu halten, als ich mich zu vch der billichen Erbarkeit nach zu geschehen onzweiffelich vertrost, vch auch bey meniglich vnd aller Ritterschafft zu Lob vnd Gonst reichen wirt das willich vor myn Person fruntlich vmb vch vnd gemeyne Statt verthienen, zu dem wirtt solichs vch bey andern vom Adel zu grossen Gonst thienen. Solt aber widder solchen Abscheit Bewilligung vnd Zusage in ander Weg gehandelt werden, khonnen dannocht Ir als die verstendigen ermessen, zu was guttem Nutz vnd willen eyn feinlichs erschiessen wurde, das zeye vch auch als denen Ich mit gonstigem Willen geneigt byn wie michs angelangt, Im besten an, dan warin ich vch vnd gemeyner Statt fruntlichen Willen

len zu erzeigen wüste were ich geneigt. Datum
Ao. ꝛc. 21. Dorſtags vincula petri.

Franciſcus von Sieckingen.

Auffchrift:
Den Vorſichtigen Erſamen Wyſen
Hern Burgermeiſter vnd Ratt der
Statt Heilbron, mynen inſonder
lieben vnd gutth frunden.

37.

Copia der über dieſe Urphede ausgeſtellten
Bürgſchaffts Urckunde. St. Gallen
Tag 1522.

Wir nachbenanten Conrat Thumb von
Neuburg Erbmarſchalck des Fürſtenthuum Wirt-
tenberg ꝛc. Dietherich von Weyler zu Batwar
vnnd Beylſtain Oberuogt, Conrat Erer zu
Hailprunn Wolff Rauw von Wynenden beckennen offenlich für vnns vnd vnſer Erben vnd
thun kund allermeniglich mit dem Brieff, das
wir vnd all vnſer Erben gemainlich vnd vnver-
ſchaibenlich alſo was Ann ainem abgen wurt,
das es an dem andern zu gen ſoll von wegen
Götzen von Berlichaim recht vnd reblich ſchuldig
ſeyen, vnnd gelten ſollen vnd wollen gemainen
Standen des Bunds im Land zu Schwaben,
wie die yetzundt von des zehen jehrigen Bunds
Ainung begriffen ſeyn zway Tuſend Gulden Rei-

ni-

nischer an Gold vnd gebreichlich gemainer Lands
Werung die die genannten Bundsstend hievor
fur Ju Götzen entricht vnd bezalt haben, die
sollen vnd Wellen Wir Vnser Erben den benan-
ten Bundsstenden vngeuerlich weren vnd bezahlen, von Datto des Brifs ann zurechnen in Ja-
res Frist des nechstenn volgent vnd anntwur-
ten gen Vlm in die statt dem geschwornen Burgermaister daselbs gegen zimlicher Quitung vn-
verzogennlich on Widerred auch für all Jrung
aucht Krieg vnnd Ben vnd gentzlich on allen
Jren Cosien vnnd Schaden, Wo aber Wir oder
Vnnser Erben das nit thetten, wes dann die vor-
genanntten Bundsstend des darnach Schaden
nemen oder zu schaden kommen, Es were von
pfandung, Jrung nachraisenn, Brieffen, Bot-
tenlonn oder andern redlichen Sachen one ge-
uerd, denselben Schaden allen mit sampt dem
Hauptgut wir Jme auch guttlich außrichten vnnd
bezallen sollen on Widerred vnnd gentzlich on
allen Jren schaden, vnnd sie haben also des
Schadenn genommen oder nit alle dieweyll wir
sie vmb Hauptgut vnd alle scheden aller Ding
nit bezalt haben, in der Weyß wie vor stet,
so haben die vorgenannten Bundsstend darnach
wan sie wellen vollen Gewalt vnnd gut Erlaupt
recht Vns vnnd Vnnser Erben alle gemainlich
oder Vnnser ainen Zween oder mer vnnd yedes

Er-

Erben darumb In Laiſtung zemanen gen Vlm
In die Stat In aines Erbern offen Gaſtgeben
Wurtshaus, darauff auch zu ſtunden Vnnſer
yeder ſo alſo gemant wert, mit ſein ſelbs Leyb
ainem raiſigen Knecht vnd zwayen laiſtbaren
Pferden Jnn acht Tagen denn nechſten nach ſollicher Mannung Jnlaiſtung Jnfarn vnnd alba
laiſten recht gewonlich vnuerdingt nach Laiſtens
Recht vnnd alſo aus der Laiſtung nit komen noch
dero vmb kain Sach nit lebig ſein, die berurt-
tenn Bunds ſtend ſeyen dan zuuor vmb Hauptgut vnd ſcheden aller Ding ausgericht vnd bezalt, vnnd die Egerurten Bundsſtend haben des
alſo wie obſtat Schaden genomen, oder nit oder
Wir ſamenlich oder ſonderlich leyen alſo in
Laiſtung genannt oder Wir laiſſen oder laiſten
nit, ſo haben nicht deſt weniger die obgenann-
ten Bunds ſtend vnnd wer Jnen des verhylfft
wern ſie wellen vollen Gewalt vnnd gut recht
an gericht vnnd an clag ober ob ſie wellen mit
gericht gaiſtlichen vnnd weltlichen vnnd mit clag
vnns vnnd Vnnſer Erben alle ſamenlich oder
Vnnſer ainen zween oder mer vnd jedes Erben
ann allen vnſern Leutten vnd Güttern ligenden
and farenden allenthalben antzugryffenn zu nöt-
ten vnnd zu pfenden, wie vnd wa ſie des be-
kommen mögten vnnd wie Jnnen das am Be-
ſtem fugt alles vngefreueltter Ding gegen aller-

E 5 menl-

meniglichen, daruor auch Vnns vnnd Vnser Erben noch kain Vnser Leut noch gut ligends noch Varennts samentlich noch sonderlich nichtzit freyen fryben schirmen noch bedecken soll, kain Freyung Aynung Buntnuß, Glait, Gewalt, Gebot noch Verbott gericht noch recht weder gaistlichs noch weltlichs noch sonst nicht zit hiewider zu Schirm ymer erdenckhen mocht dann Wir Vnns für Vnns vnnd all Vnnser Erben des alles vnnd yedes Schirms vnnd Behelffs vnnd sonderlich des gemainen geschrybenen Rechtens das gemainer Verzeyhung so nit sonderung hat, widerspricht gegen den gemainen Bunds Stenden hiemit in crafft dis Brieffs gar vnnd genntzlich vertzigen vnnd begebenn habenn alles so lang vil vnnd gnug bis dieselben Bundsstend vmb die vorgerurten zway Tausendt Gulden Reinischer Hauptguts vnd alle erlitten costen vnnd scheden aller ding außgericht, gewert vnnd bezalt worden sein gar vnnd genntzlich on allen iren costen vnnd Schadenn alles getreulich on all Argelist vnnd vngeuerlich vnd des alles zu waren vnd vesten Vrckund so haben wir all obgemelt vnnser aigen angeborn Innsigell für Vnns vnnd all Vnfern Erben offentlich gehenckt an diesen Brieff, der gebenn ist, an sant Gallen des heyligen Apts Tags als man zelt nach vnſers

sers lieben Hern gepurt funffzehen hundert
zwantzig vnnd zwey Jar.

38.

Schreiben Götzens von Berlichingen an
Heilbronn am Tag Martini 1522.

Ersame Weyße Burgermeister vnd Rath
zu Heylprunn, nachdem ich gantz vnnverschuldt
Nun vierthalb Jar In Gefengknus In euer stat
offenthalten, vnd so Ich auß solcher Verhafftung
hab wollen kummen hab Ich ein Verschreybung
vber mich müssen geben den stenden des punds
zway tausendt Gulden zu geben vnd mein Atznng
zu bezallen, auch ain jelichen im Bundt bey
recht pleiben zu lassen, das ich dann der Meynung bin, mich drein wie ein frommen ritter-
messigen geburt zu halten, auch mein Zerrung
zu entrichten vnnd bin des Sins gewest dem
Wirt do ich bey gezert lieber hundert Gulden
mer wann ich im schuldig, dann Im hundert
Gulden abzuschlagen, als ich auch wollen thun
vnnd mir ein Rechnung lassen machen, die ich
oder die meine bey drey hundert Gulden nit verzert haben vnnd bobey gesagt wiewol ich solcher
Rechnung nit gesteen, noch dannocht wol ich
mich nit gernn vnwilligen doch kan Jchs nit also
bar bezallen steen auch jetzt der Zeit In meinem

Ver-

Vermogen nit aber in eim Jor drey hundert
Gulden vnnd darnach was erber Leut erckennen,
wol ich Jm reblich entrichten, dan solt Ich
Jm vil verheissen, vnd nit halten, wer mir
verweißlich vnd Jme auch nochtheillig, solchs
ist mir nit abgeschlagen noch zugesagt, hab nit
anders vermeint, dan es pleib dabei, bis das
ich hab wollen. Vff seyn hat der Wirt sambt seiner Freundtschafft als baar bezalt wollen sein,
hab ich mich dreyhundert Gulden anzugeben bewilligt vnnd das andere wie ein Rath erken
zu bezallen, ich hab deshalb frum Dapfer reblich
leut zu euch in Rab geschickt, auch zum Theil
muntlich gebetten, vnnd dabey erbotten, wo
der Wirt sich an meinem Erbenn redlichen erbieten nit wol benugen lassen, sol ein rath deshalb mein zu recht vnd aller Billigkeit mechtig
sein, was sie zu recht erckennen oder vsserhalb
rechts billichen mogen, dem wol ich on alle Wegerung nachkummen, das doch ye wan ich ein
Därck wer, mich genug erbotten, aber das ist
mir von euch im Rabt alles abgeschlagen, sonder mich nit bey recht oder Billichkeit gehandt
habt, sunder mich zu Schmach nach des Wirts
gefallen lassen bringen, als ob ich nit trawen
ober Glauben mein Schuld zu bezallen hett, wie
wol ich dem Wirt ein Brieff für tausendt Gulden hab eingesetzt, vnnd Jn Jme noch folgent
wol-

wollen laſſen, vff daß er deſtweniger Mißglau-
bens in mich ſollt ſetzen, dem allem ſey wie Im
well, will Ichs Jetzo zumoll vff ſeinem Wert
beſteen loſſen, vnnd wil aber ewerm Wirt der
Rechnung gar nicht geſteen, vnd des guten erbern grunt vnnd Bericht anzeigen. Erſtlich hab
ich Ewern Diener Jeckle von Alhauſſen als
mein Hawsfrawe in nechſter kindpeth gelegen,
zu dem Wirt vnd Wirten geſchickt, ſie loſſen
frogen, was ich doch bey Im verzert, haben
ſie vierthalb hundert Gulden angezeigt, nun
hab ich ausgerechnet, das ich in drey Viertel
Jors mer muß verzert haben, dan vor in drey
Joren vnd ob es Jecklen nit wolt geſteen das
ich mich nit verſihe, ſo hat es ein frommer vom
Adel von ſeiner nechſten Freundt einem auch ge-
horbt, ſo iſt auch ſein geferlich Rechnung wol
auß dem zu verſteen das er mir wol halb als
vil on grunt anzeigt, als des ſo er mit Grunt
anzeigt Ich verzert haben ſoll ꝛc. Item, do ich
nichts vmb weyß vnd Im gar nit geſteen, er
mags auch mit keinem guten Grundt anzeigen
das alles iſt aus dem wie obgemelt abzuneh-
men, das er ein geferliche Rechnung thut, ſo
hat mir ſein Weyb die Wirtin vierzigk Gulden
wollen ver'augnen das Ich geſehen, das Ir
mein Hawsfrawe in eim ſchwarzen Hut geben
het, vnd wo es zum rechten ſolt kumen, wolt

ich

ich wie zu recht genug were anzeigung geben (wie wols also geferlichs.) wol vnrechtlicher Weyß mit mir wurt gehandelt, vnd ich mein sondern guten Freundt, der sich alweg erberlich gegen mir erboten vnd bewißen Conrat Erern (er war Burgermeister in Heilbronn) Zusagung thon, Jm vff Martini sunff hundert vnd zwen vnd Funfftzigk Gulden zu schickhen, die ich dem Wirt nach laut seiner vngruntlichen Rechnung schuldig sein sol, die ich Jm also hiemit zeiger ditz Brieffs zuschick ist mein gutlich begern an euch vom Rath solch Fünffhundert vnd zwen vnd Funfftzigk Gulden bey Conrat erern in Bot zu legen, biß zu einer gruntlichen Rechnung wie dan erber Leut erckennen mugen, das ich in der Zeit nach meins Weibs Kindbet verzert hab, alsdan sol was sich erfindt Jm volkomenlich Bezallung gescheen, wil mich dorumb zu euch vom Rath versehen, Jr werdt wie billig geschicht, meinem begern vnnd Schreiben nach kumen, so es aber nit geschicht, kan ich euren guten Willen so hievor vnd jetz als das spuren. Datl. am Tag Martine Ao. ꝛc. 22.

   Götz von Berlichingen der jung.

    P. Stum.

Vnd noch dem ich dem Wirth hievor zwey Hundert Gulden bezalt ist mein Meynung Jm

jetz noch anderthalb hundert Gulden zu geben
vnd das Vberig zu hinderlegen findt es sich
dan an erberer rechnung das ich seint meins
Weibs, kindpeth das Vberig verzert, so wil ich
kein Wegerung hirin thun, findt es sich aber
nit, wil ich mich was mir geburn will auch dar.
In halten, hab ich euch darnach zu richten auch
nit wollen bergen.

Auffschrifft.

Denn Erſamen Weyſenn Burgermeiſter vnnd
Rathe zu Heylprun Ich ſolt ſchreiben
meinen guten freunden vnd Nachtparn
wo ichs dermaſſen befundt.

39.
Der Stadt Antwort Schreiben, Freytags nach Martini Ao. 1522.

Vnſer willig vnd fruntlich Dienſt zuuor
Edler Veſter ſunder gutter Feundt vnd Nachpar.
Euer ꝛc. Schreyben des Datum am Tag Martini Ao. ꝛc. 22. ſtet, vns yezund zu komen, haben Wir vernomen vnd horen leßen, vnd Anfangs was euch wyderwertigs begegnet, iſt vns
nie lieb geweſen, ſondern allweg Wol mogen erleyden es were euch nach allem ewern Wolgefallen ergangen, dan wir weder freud noch Luſt
darin

darin gehapt. Am andern bitzen des Würts zur
Kron bey dem Yr gelegen betreffendt haben Wir
Jn beschicket Ewer Schreyben furgehalten vnd
mit Jm laut Yres Jnhalts zu handlen, der Wyll
sich von der Verschreybung Jm durch den Vesten vnsern Burger Conrad Erer veberlyfert nit
bereden lassen, sondern begert Jnhalt derselbigen seine Bezallung vnd wan das geschen, were
dan deshalben Forderung, es treff Rechnung
oder was es well an, welle er sich für Vns als
sein ordentliche Oberckeytt zu recht erbotten haben, dieweyll er dann vnser gesessener Burger
ist, will vns in vber solch recht bott ferer zu
bringen nit gepuren auch sollichs syn Antwurtt
wellten Wir im allerbesten nit bergen, dan euch
Ern liebs vnd gefallig nachparlich Dienst zu beweyssen were Wir all Zytt willig vnd vrbyttig.
Datum Frytags nach Martine ao. ꝛc. 22.

Burgermeister vnd Rabt zu
Heylbrun.

Auffschrifft.
Dem Eblen vnd Vesten Götzen von Berlichingen zu Hornberg vnserm sondern
guten Frundt vnd Nachparn.

40.

40.

Schreiben Götzens von Berlichingen an Heilbronn, Monntags nach Martini Ao. 1522.

Ersame Weise ich hab' Ewer Schryfft den Wyrt betreffend verlesen, vnd vermerck das Ir mich mit verpfenten rechten anzuhefften vermeynt vnd hapt mir hyfor recht vnd Byllickayt abgeschlagen, beshalb ich nit schultig weiter vor euch zu rechten, hab euch jüngst geschryben, sollich Gelt das mir geferlich abgetrongen in Gebot zu legen, bis ich hor wy vnd wurfur ich es schultig geschytz bin ich zu frybten, wie nit wil ich weyter rabt suchen was mir dorinn zu ton ober geburen vnd noch dem Ir anzaigt mein Handelung sey euch nyt lieb, hab ich wol befunden, vnd ye lenger ye mer, dann nach dem mir ny kain gleichs von euch ist begeget, also befindt ichs noch, das mich wyder Recht noch Billickait bey euch furbregt, das wil ich Got befelen Datum mein Hant Montag noch Martina im 22. jor.

Götz von Berlichingen der jung zu Hornbergk.

Aufschrifft.

Den ersamen weysen Burgermaister vnd rot zu Helbrun ufzubrechen.

F   Der

41.

Der Stadt Antwort Schreibens S. d. et l.

Vnser willig vnd fruntlich Dienst zuuor Edler vester sonders lieber Frundt vnd gutter Nachpar Ewer Schreyben vnser Burger den Württ. ietzen betreffend haben wir vernomen, im sollich schrifft fürgehalten, will keiner geferlichen abgetrungenen Rechnung gesteen, sonder Bericht Vns wie die Rechnung von denen so von euertwegen wie yr Wyssent darbey gewesen beflossen vnd vnderzeychnett bey sollicher Rechnung von euch angenommen laß ers belyben vnd wo yr beshalben Vorderung an In zu haben vermeynet erbeutt er sich nochmals wie vor auch vor vns als ein gesessener Burger seiner ordenlichen Oberkeytt rechtens zu sein So ist vnser Wyll vnd Gemüt nit euch zu verpfendt Recht zu verheffen Begern es auch nit, dan der Wyller sich rechts für Vns sein Oberkeytt erbeutt, kunten wir ihm das als yr selber erachten mogen nit ausschlagen, wollen auch umb was ley Forderung ihr zu Im haben rechts zu Im gestatten vmb des willen auch Wyr rechts vnd Billickheitt bey vns furzutragen nit mangell lassen, vnd ist vns in rechter Warheytt ewer Handel wie vormals nit lyb wyssen auch nicht.

nichtzit witer euch gethon, dan das wir yrselbs wissen aus gemüssigten Drang haben thun müssen wolten Wyr euch im Besten auf ewer schreyben nit bergen dann euch Ern liebs vnd gutte nachparlich Frundtschafft zu beweysen, warn wir allzeytt vrbyttig vnb wyllig. Datum

Burgermeister vnd Rabt der Stat
zu Haylprun.

42.

Extract Michel Amerbachs Urgicht, ohne Jahr und Tag.

Zu dem ersten beckent Michel Amerbach das der Talacker zu seinem junckern komen sey dem Berlicher gen Jagsthauffen, vnd den Berlicher gebeten vmb brey pferd, hat der Berlicher gesagt zu Amerbach es ist ein gutt Gesel vor dem Thor begert brey Pferd wylt du auch einer sein, hat er zu dem Berlicher seinem juncker gesagt, ja, vff dasselbig ist er mit dem Talacker geritten, vff den Rit betreffen die Wirtenbergisch.

Zu dem andern beckent er das die Puern vß dem Wirtembergiß Land gefangen seind worden 2c.

F 2   43.

43.

Der Hauptleute der aufruhrischen Bauern Schirm Briefs für Friedrich Weigand Kellern zu Miltenberg. Amerbach Mittwoch nach Mias Dni. 1525.

Wir Goß von Berlichingen zu Hornbergk, Jorg Meßler von Ballenberg beyde Obrest Velthauptmenner, Hans Reutter von Byringen schulthayß mit sampt andern verordneten des hellen lichten Hauffens, vrkundthen menigklichen mit dysem offenen Brieff, das sich der erber Friederich Weygans Keller zu Miltenbergk, seyne Weib vnd Kindt, Hab vnd Güttern, an welchen Ortten ers hett in Vnsern Hauffen vnd Vereynigung begeben hett, vnd mit vns vberkummen ist, deshalben Wir ym seynem Weib Kindern Haben vnd Guttern in vnsern Schuß vnd Schyrm off vnd angenommen haben, beuellen darauff einen yden wer er sey, vnd ist vnser ernstlich Meynung daß gedachter Friederich samt seinem Weib Kyndern Haben vnd Güttern weyther vnd hynfür von vns den Vnsern oder meniglichen ganß ongeschaßt onbeleybigt vnd onbedrangt, sonder wie andere vnsere Mitbrüder gehalten werden vnd bleyben sollen, bey Verlyrung eines ybes Leybs Lebens vnd Guts. Zu Vrckunde mit Vnserm gemeynen

Bit»

Bitſchner Sigill verſiegelt. Datum Amerbach, Mittwochen nach miſericordias Domini, anno etc. 25.

44.

Der Bauern Hauptleute Schreiben an die Stadt Heilbronn. Donnerſtags nach Marci 1525.

Vnſere freuntlich willig Dienſt zuuor Erbarn vnd Weyſen gunſtig lieb Herren vnd guten Freund, vff der Erſamen vnſerer Brüder vnd guten Freund Haubtleut Burgermeiſter vnd verordenten Raten zu Oringaw Schreiben vnd daneben Monntlichen Angeſynnen, haben Wir vns entſchloſſen, das ſie den Erwirdigen Hern Hern Erharten Apt zu Schontal vnſern gunſtigen Hern, der dieſer Zeit bey Inen zu Orin. gaw iſt, widerumb in eure ſtat zu ſeiner Erwirben Hoff gewarſamlichen vnd ſicherlichen zu beglaiten, damit der alt Herr ſein Rue vnd Wonung haben mog, darumb iſt an Eur Erbare Weißhait vnſer diennſtlich freuntlich Bit, gedachten Apt vnd die Iheuen ſo ſein Wirden gern bei Ir haben, dermaſſen alſo einkomen zu laſſen, haben Wir Eur Erbare Weißheit, damit ſie das ein Wiſſens empfach umb Verhütung verrern Vnrat guter getrewer Maynung nit bergen wollen. Erpieten vns hiemit zu Jren Diensten ganz willig vnd berait. Datum Gundelßheim Donderstags nach Marci Evangelistae Ao ꝛc 25.

Georg Metzler Oberster, Feldhauptleut vnd andere Verordnete des Hellen lichten Hauffens.

Nota:

Die in der schon ebirten Lebens-Beschreibung Götzens von Berlichingen vorkommende zweyte Urphede, ist ausser den Druckfehlern Gepselschafft für Geißelschaft, Roogsburg für Roggenburg, und der Jahr Zahl des Bey-Briefs 1531 für 1530.) mit dem auf hiesigem Archiv befindlichen Exemplar dem Innhalt nach gleichlautend. Die verschiedene Verhandlungen zwischen Chur Maynz und Götzen von Berlichingen, die Beschädigung des Closters Ammerbach betreffend, sind in denen gedruckten Bunds Abschieden von 1531, 32. und 1533. angezeigt.

45.

Gōtz von Berlichingen Urpheb *).

Ich Gotz vonn Berlichingen zu Hornburg Bekenn offentlich vnnd Thue khundt Allermenigelich mit vnnd in Krafft dits Brieffs Nachdem Ich in Gemeiner des Hochleblichen Bunds zu Schwabenn Verhafft vnnd gefangkung zu Augspurg angenomen vnd komen bin, Aber nachuolgends, off ein Vrfehds verschreybung, deren anfang laut, Ich Gotz vonn Berlichnigen, zu Hornburg, Bekenn offentlich mit diesen Brieuv, als Ich vmb woluerschulbt sachenn In ansehenn, meiner Verschreibung, So Ich hieuor gemeinen Bundsstanden, vnnd Insonders das Ich mich In vergangner Pewrischenn Empörung mit dem abgefallenn, vffrurischen Vnterthanen als ein Haubtmann Ingelassen mittelst laut, vnnd wir die Burgen von dato benambt, Bekennen auch für Vns vnnd vnsere erben, sambt vnnd sonder, dieser Burgschafft, vnnd alles anders so vnsernt halben, hieuer geschriben stedt, geredenn vnnd versprechenn, bey vnsern guten waren Trewen, an Aydsstat dem zugeblichen vnnd nachzukommen

*) Es sind zwar Götz von Berlichingen Leben 2 Vrpheden, eine von 1522. die andere von 1530 angehängt: Diese aber ist noch nie gedruckt.

men vnd der datum gebenn vnnd beschehen, zu Augspurg auf vnd, Also vnnd vff Verprechung solcher Vrfehds Verschreibung, mit der Bezallung fünff vnd zwanzig tausent glb: wiederumb solcher gefangknus genzdiglich, ledig gelassenn, vnnd aber an das der wolgeborne Edlenn vnnd Ernvestenn, mein genediger Herr Bruder, Vetter, schwager vnd gute freundt, als burgen, von dato meiner Vrfehds verschreibung, bemambt an solchen Fünff vnd Zwanzig tausent glb. haubtguts, wenig noch vil empfangenn, besonder vff mein Getzen von Berlichingen, Emssigs hochfleissigs bittenn vnnd auſuchenn, Also mein vnnd meiner Erben für sich vnd Jre Erbenn genedigelich vund freuntlich burgen geworden, Alles Inhalts, meiner gegeben Vrfehds vnnd Haubtverschreibung, beſagen, vnd vnder welchenn, Der Edel vnnd Ernvest philipp vonn Berlichingen, mein freuntlicher lieber bruder, der burgen einer vnnd sein Insigel zu dem meinen vnd der andern burgl. Insigelnn an die Vrfehds verschreibung gehangt. Hiroff geredt gelob vnnd versprich, Jch Erst gemelter Getz vonn berlichingl., zu Hornburg, für mich alle mein erben vnnd Erbnemen, bey meinem rechtenn, gutenn waren trewen, ern vnnd glaubl., an eins geschwornen aydsstat, gedachten meinen Bruber seine Erbenn, auch die andern burgl. Jre erbl. und Erb-
ne-

nemenn, solcher Burgschaft, alles mit bezallung,
des Haubtguts, fünff vnnd zwantzig tausent gld,
reinischer genemer landeswerung, deren
Leistung, oder anderer vff Steigenden; cöstl.
vnnd scheden, so sie vß mein meiner erbl. Vnnd
Erbnemen, nithaltl., des der, almächtig In
alweg, verhütten wol, dieser Burgschafft erlittl.
vnnd empfangl., wie daßelbig bescheenn vnnd vff
mein Gotzenn, vnnd meiner Erben, Vrfehds
verschreibung Erwachssenn, were oder werden
mecht in alle weg on einichenn Jr aller Costenn vnnd
schedenn, zu entheben zu ledigen vnnd ganz schad-
los zuhalten, alles bey verpfändung vnnd verbin-
dung aller mein Gotzen von Berlichingenn, meiner Erbenn und Ebnemenn, habe vnnd guter,
jetziger und kunfftiger, Sy seyenn beweglich,
oder vnbeweglich, ligendt oder varend, eigen
oder lehenn, vnder oder oberhalb der erden, gesucht oder vngesucht wie das alles namen geha-
ben vberkomen mecht, nichtz darvon vßgeno-
men, zu gleicher handt, sambt vnnd sonder Inn
darumb Innensteen, vnnd verhafft sein; Vnd so
Ich Gotz vonn Berlichingen mein Erben Erbenmen,
solcher entledigung, oder Inhalts dieser verschreibung, einichen mangel liessen, vnd nit wie ob.
vnnd nachgemelt hieltl., das doch bey obgedach-
ten, vnsern waren trewen ern, glauben. Vnd
aydenn nit sein noch gescheenn soll. So habenn

als-

alsdan gemelter mein Bruder seine erbl, auch die
andernn burgl, Ire erbl. vnnd Erbnemenn, sambt
vnnd sonder mich meine erbl. vnnd Erbnementß
darvumb Inleistung zumanen, gein Heilpronn
oder Wimpffheim der Ort eines Jnen gelegt. Do-
hin Ich Götz vonn berlichingl, oder mein erbl. gemant werdenn, in eins offenn erbern gastgebenn,
Wirthshaus zustund an Erstlichen zwen monat
lang, zwen reissige knecht, vnnd zwey leistpare
pferdt, In achttagenn den nechster, nach solcher
beschehener manung, Inleistung schickenn sollen
vnnd wollen, vnd so mitler zeit der zwier monat,
die beturten funffend zwantzig tausent glb., nit
bezahlt worden werenn, alsdann sollen vnnd wollen Ich Gotz von berlichingen oder mein Erben
auch erbnemen, vns zustund an or einich weiter
manug, vnd nemblich, das Ich Gotz vonn Ber-
liching, oder mein erbenn vns oder vnsere erbenn,
Jeder mit sein selbst leib, sambt einem reissigen
knecht, vnnd zweien leistparn pferden, Inleistung stellenn Vnd so dann einer wurd abret-
tenn, sol alspald der ander erschein vnnd einreit-
tenn, vnnd also keiner off den andern verharren,
warthen oder verziehen, das Jnnen liegen halten
vnnd leisten recht gewerlich vnverbingt geise schäft
noch leistens recht herkomen, vnnd geprauch, vnnd
auß der leistung nit komen, nach dere vmb kei-
nerlay Sachenn willen, ledig sein noch offherenn,
obge-

obgedachtem meinem Bruder Phillipsenn, seinen erben auch den andern burgenn Iren Erben vnnd Erbnemen, seyen dan zuuor, vmb haubtgut, der Funff vnd zwantzig tausent glb., sambt allen Iren erwachssen, erlitten vnd empfangl. Cesstenn vnd scheden, wie sich die zugetragen, aller ding gantz vnnd gar, erledigt vergenugt ausgericht vnnd bezalt, Vnd genanter mein bruder sein erben auch die andern burgl. Ire erben vnnd erbnemen habenn das also wie vorstet schabenn genomen oder nit oder Ich Gotz vonn Berlichingen mein erben vnd erbnemen, sambt oder sonderlich, seyen also inleistung gemant oder Ich oder mein erben vnnd Erbnemen, leistenn oder nit, so habenn nicht desternminder genanter mein bruder, philip, vonn berlichingen seine erben, auch die andern burgen Ire Erben vnnd Erbnemen, vnnd Wer Inen des verhilfft wan sie wollen vollen gewalt, gut, macht vnnd erlaubt recht, on gericht, vnnd on Clag, oder ob sie wollenn, mit gericht, geistlichem oder weltlichem vnnd mit Clag, mich mein erbenn vnd Erbnemen, sament oder sonderlich an vnsern selbst leyben, dazu an allen, vnsern leuten vnnd guten ligenden vnnd varenden allenthalben vnnd vnnerscheidenlich, wie Inen gelegen, Ebent vnnd gefallig Darymb anzugreiffenn zu nottenn vnnd zu pfandenn wie und wo sie das bekomen megl., vnd wie Inen

das

das am bestenn fuget, alles ungefreuelter ding, gegen allermenigelich; Darzu gegen Niemont Hochs oder Nidernstands gehandelt noch gethann haben Darvor auch mich Götz von Berlichingen, mein erben vnnd erbnemen, noch auch kein vester leut noch guet, ligends vnnd varends, sament noch sonderlich, nichtz it freyen friden schirmen, schuzen noch bedencken sol, kein freyhung, genad aynung, Bunbnus gelait, gewalt, gebot, noch verbot, wie das vonn bebsten remischen keysern vnnd kenigl.; oder den Jren gewalten gegeben, oder künfftigelich erlangt, vnnd gebenn werden mecht, weder gericht noch recht, geistlichs noch weltlichs noch sonsten nichtzit anders, Das gemant hiewieber zu schirm vnnd beschuzung erdacht oder nemer erdencken mocht, dann Ich obgenanter Götz fur mich alle mein erben vnnd erbnemen, samentlich vnd sonderlich des vnnd alles beschirmbs vnnd behelffs, vnnd sonderlich des gemeinenn geschrieben rechtens, vnnd landlauffigs prauchs., das gemeiner verzigt so nit sonderung hat, wider spricht, gegen gemeltr meinem bruder seinen erben, auch den andern burgen Jren erben vnnd erbnemen, hiemit vnnd in Crafft bits Brieffs, gar vnnd gantzlich verziehenn vnnd begeben, habenn so lang, vil vnnd genug biß gedachtem meinem bruder phillipsen seinen erbl. auch den andernn burgenn

Jren

Jren Erben vnnd Erbnemen, vmb die vil bestimpten Funff vnd zwantzigk tausent glb., reinischer Haubtguts, vnd landswerrung, darzu aller Jrer dieser sachenn vnnd burgschafft, vffgeloffen, Erlitten Costenn vnnd schedenn, widerlegung, abtrag, vergnugung vßrichtung vnnd gantz aller Ding vollkomene Bezallung, gescheen ist, vnnd vmb solchenn schaden, alweg Jren schlechten Worten an aydt noch recht oder ainige ferer bewerrung zu glauben, Solches alles hieobenn geschriebl. Gerede vnnd versprich Jch obgenanter Götz vonn Berlichingl., fur mich alle mein erbl. vnnd erbnehmen, bey vnsern guten warl. trewen, vnnd ern an rechter leiplicher geschworner ayds stat, war steet vest, vnnd vnuerbrochenlich zu haltenn, darwider nit zu sein zu reden auf zug zu suchenn, zu handlen vnnd zu thun durch vns selbst oder yemant andern, von vnsernt wegenn zuthun schaffenn, oder gestatten zu gescheen gethaun werden, in kein weiße noch wege wie menschen sie erdencken vnd furnemen mecht alles getrewlich sonder geuerde vnnd gantzlich on Arglist, Des zu warem und vestem vrkhundt, hab Jch megedachter Götz vonn Berlichingen zu Hornburg, fur mich mein erben vnnd erbnemen, mein eigen angeborn Jnsigel an diesen schablos vnnd sicherhaits Briue, gehangen den furter obgedachtem, phillip von Berlichingen

mei-

meinem freuntlichen lieben bruder, er vnd seine
erben sich des gegen mir mein erbl. vnnd Erbnemen, zugeprauchen habenn ubergebenn, vnnd
zu noch merer gezeugknus dieser Ding aller, mit
Vleis gebettene vnnd erbetten, Die Edlen vnnd
Ernvesten Hanßen vnd wolffen von berlichingen
gebruder, Caspar, von Weiler, vnnd Eberhard
von Frawenberg, Vogt zu lauffen, mein freuntlich lieb bruder schwager vnnd sondern guten
Freundt, das Ir Jeder sein eigen angebern Insigel zu dem meinen, an diesen briue gehangen
hat, mich Götzen von berlichingen, mein erbl.
vnnd Erbnemen obgeschriebens darmit zu besa-
gen, solcher besiglung wir Jetzo genanten, von
fleissiger bit wegen gedachts vnsers bruders
schwagers vnd sondern guten Freundt also gethan haben, Bekennen wir fur vns vnßern erben vnd erbnemen, In alweg on schaden, der
geben Ist am Donnerstag nach Sandt Micha-
hels tag, Nach Christi vnsers lieben herrn geburt, tausent funffhundert zwantzig und Neun
Jare.

(L.S.) (L.S.) (L.S.) (L.S.)

Diese 4. Sigillen seyndt wegen Länge der
Zeit im Original heruntergebrochen.

Kurzer

64.

Kurzer Bericht über des berühmten Ritters Götz von Berlichingen Gefangenschaft in Heilbronn, 1519 — 1522. Ein Auszug aus den im Archiv dieser Reichsstadt darüber vorhandenen Acten.

1.

Nachdem der zu Möckmühl gefangne Götz hieher gebracht worden, stellte die Stadt dem obersten Feldhauptmann des Bunds, Herzog Wibelnn von Bayern, einen Revers aus: Ihn niemand abfolgen zu laßen, auch nichts bis auf fernere Befehle von dem Bund gegen ihn zu gestatten. — Eben dieses ist auch der Inhalt des zu gleicher Zeit an Herzog Wilhelm ausgestellten Reverses. Sonntags Exaudi werden hiesige auf den Bundstag zu Eßlingen Abgeordnete mit einer Urfehde und der Instruction von Bundes wegen abgefertiget: Götzen Urfehde vorzulegen, und wenn er sie zu beschwören sich weigerte ihn in einen Thurn zu stecken, aus welchem er nicht eher zu entlaßen wäre, er hätte sie dann abgeschworen, wobey jedoch ein eingelegter Zettel sich befindet, daß Götz von seiten Herzog Wilhelms des Lebens und gegen ein ewiges Ge-

fängfángnis gesichert wäre, der Rath hätte sich darnach zu richten. Götz beschwor diese Urfehde nicht, weil ihm die Bezahlung der 2000 Gulden für die Knechte, die ihn fiengen, beschwerlich für kam, auch seine Freunde Sickingen, Frontsperg und andere seinetwegen in Handlung begriffen waren in litt. H. B. an den Bund. Mit dieser Antwort reißten der Syndicus Magister Grienbach und Hans Bertin auf den Bundstag zurück, wohin ihnen durch Conrad Evern und Hans Weißbronn zugeschrieben wurde: Sie möchten allen Fleiß ankehren diesen Auftrag abzuwenden, welcher die Stadt in großes Unglück bringen könnte. Herzog Wilhelm hätten Herrn Jörgen von Frontsperg an den Rath abgeorgnet mit dem Befehl: Er hätte Götzen in ein ritterlich Gefängnis und Herberge vertagt und soll daher die Stadt keine Gewalt gegen ihm gestatten. Deßen ungeachtet wurde M. Wolf Grönninger Eßlinger Syndicus, von dem daselbst versammelten Bunde, mit eben dem Befehl abgeschickt, wobey jedoch der Artickel, den die Fehde betraf, dahin gemildert wurde, daß Götz nicht für beständig, sondern so lange dise Fehde währte, die Feindseligkeiten einzustellen sich verbindlich machen sollte. Diesem Comißario wurden noch aus hiesigen Rath beygefügt: Burgermeister Caspar Bertin, Michel Hunger-

Hungertin, Alt Schuldheiß Hans Bertin, Schuldheiß Blth. Steinmez, Hans Spetin, Wolf Engelhart, Ludwig Meyßner, Johann Bildermann, Ulrich Meng, und Conz Weißbronn.

Göz, welcher in den Thurn gesezt war, entließ aus demselben, (an den Rath, oder die Commißarios.) ein eigenhändiges Memorial: Es befremde ihn, daß man ihm zumuthe Schatzung und Abzug zu zahlen, und in einen Diebs-Thurn gelegt, da er sich doch gehalten, wie einen frommen und ritermäßigen von Adel wohl anstehe, ihm auch ein rittermäßiges Gefängniß versprochen sey: Man möchte in seinem Nahmen die Bunds-Stände bitten, von diesem Punkt abzustehen und die unbillige Ungande gegen ihn ablegen, auch auf folgende Artickel ledig zählen. 1) Gäbe er zu bedenken, daß er sich ohne seine Freunde, die gegenwärtig seinetwegen in Handlung begriffen wären, in nichts einlaßen könnte. 2) Dennoch aber wolle er sich an den Kaiser ergeben. 3) Wenn dieses nicht zugestanden würde, wolle er schwören, sich Herzog Ulrichs während der Fehde nicht anzunehmen. 4) Seine Händel mit eßigen Bundes-Ständen, durch den Kaiser entscheiden laßen. 5) Von dem Landsknechten sey er nicht geschäzt worden, er glaube daher, ihnen nichts schuldig zu seyn.

Weil Heilbronn muthmaßte, daß dieser Vorgang ihr von Gözens Freunden Widerwärtigkeiten zuziehen könnte, so ersuchet sie die benachbarten Reichsstädte, sich auf allen Fall mit der eilenden Hülfe gefaßt zu halten. Samstags nach Exaudi erschien auch ein Schreiben von Franzen von Sickingen, und denn bey ihm sich befindlichen Grafen, Herrn und Reutern aus dem Lager zu Lenzingen, welche dem von Berlichingen das ritterliche Gefängniß, welches ihm versprochen, und von hiesiger Stadt garantirt sey, gehalten wißen wollten, in Weigerungsfall würden sie vor Heilbronn ziehen, und feindlich handeln. Kurz darauf begert auch Herr Jörg von Frontsperg Bericht in der Sache. In dieser Noth verlangte die Stadt eilende Hülfe von der österreichischen Regierung zu Stuttgart, wobey zugleich erzählt wird, Göz hätte sich bey Ankündigung seiner Einthürmung, zur Wehr gesezt, und daher mit Gewalt gefangen genommen werden müßen und von dem Hauptmann der Stadt des Bunds Ulrich Arzt, welcher leztere auch ersucht wird einen Bundstag zu veranstalten. Die Hauptleute des Bunds berichten dieses sogleich den kaiserlichen Comißariis welche auf der Stelle Abmahnungsschreiben an den von Frontsperg erließen und worüber sich Frontsperg sehr be-

beschwert. Die Regierung zu Stuttgart schickte der Stadt den Lt. Königspach zu, sich seines Raths zu bedienen und einige mit ihm ins Sibingische Lager abzuordnen, diesem Edelleuten vorzustellen, sie möchten die Sache auf dem nächsten Bubstag vorbringen, und nicht so gewaltthätig zu Werke gehe: versprach auch 400 Knechte zu Hülfe zu schicken.

3.

Die Stadt entschuldig sich in der Antwort an Herrn Jörg von Frontsperg mit dem Befehl des Bunds, welchen abzuleinen sie Gesandte, aber ohne Nutzen, auf den Bundstag abgefertiget hätte, bezeugt dabey ihr Beyleib, und berichtet zugleich man hätte Götzen aus dem Thurn in eine lustige Stuben auf das Rathhaus gebracht. Frontsperg versprach hierauf sein möglichstes zu thun, die Reuter zu befriedigen, schickte auch seinen Lieutenant Jacob von Wartenaw hieher, die Sache mit Götzen zuvermitteln. Die Stadt ersuchte aber Herrn Jörgen selbst, sich hieher zu begeben, welcher auch kam, und folgenden Vergleich zu Stande brachte. 1) Soll Götz wieder in die ritterlich Herberg zurückgebracht. 2) das ritterliche Gefängniß durch Heilbron auf ein Jahr versichert und niemanden gegen

ihn etwas gestattet werden, er werde denn von
Herzog Wilhelm oder des Bunds Kriegsräthen
vorgeladen. 3) Wenn einer aus Gözens
Freunden, einen aus dem Bund niederwürfe,
sollte dieses Gözen zu seiner Befreyung nichts
helfen. 4) Nach Verfluß des Jahrs soll das
ritterlich Gefängniß erstreckt werden. Der Stadt
Verschreibung gegen Gözen, das ritterlich Gefängniß aufs neue zu halten. Frontsperg und
die Stadt berichteten diesen Vergleich an die
Bunds-Versammlung, wobey sich leztere beschwehrt, daß man Gözen hieher vertagt, ohne dabey anzuzeigen, in was Maas es geschehen soll. Während daß dieses vorgieng erhielt
Frontsperg die Abmahnungsschreiben, weswegen er sich gegen Heilbronn beklagt, daß man
ihn bey dem Bunde hart verunglimpft hätte.
In dem Antwortschreiben wird er versichert,
daß den hiesigen Abgeordneten auf den Bundstag schon Befehl gegeben worden, seine Bemühung in Beylegung der Sache zu rühmen, und
die Stände eines andern zu berichten; wobey
ihm die verlangte Copien seiner Schreiben überschickt worden.

4.

Die auf den Bundstag nach Nördlingen
abgeordnete Burgermeister Bertin und Syndicus

"aus Grienbach berichten den ganzen Hergang "der Sache, und stellen vor, daß der Bund durch "diesen Vergleich von vielen Feinden befreyt wor- "den sey, man hätte übrigens Heilbronn, als ei- "nen entlegenern Ort, mit einen solchen Gast wohl "verschonen können. Die abgeordneten berichte- "ten die Zufriedenheit der Bunds-Stände über "den Vergleich.

notentur in Lit. Syndici *Grienbach* verba:
„Nun feyern wir nit, Und bestechen einen nach
„dem andern und befinden nit args, der Hoff-
„nung es solle gut werden; ausgenommen,
„zweyen die yren Unradt in den Weg wer-
„fen ꝛc. ꝛc.„

Vorschreiben Gözens von Berlichingen, Anverwannten und Freunde für ihn, an das Kriegsheer des Bunds, ihn entweder ledig zu lassen, oder dem Kaiser auszuliefern.

§.

Weil auf dem Bundstag von Gözens Los- lassung gehandelt werden soll, so ersucht Heil- bronn, den Hauptmann Ulrich Arzt, und Dr. Peutingern, Augspurgischen Syndicum, die Ur- fehde so einrichten zu lassen, daß ihrer darinn namentlich gedacht sey, weil sie sonst von Sei- ten des von Berlichingen und seinem Anhang, wegen

wegen deſſen, was ſie von Bunds wegen an ihm hätten vollziehen müſſen, viel Verdruß zu gewarten hätten. Beyde verſprechen es. 1520.

Franz von Sickingen ſchreibt an Heilbronn, er habe vernommen, man werde Götzen aus der Stadt anders wohin führen, er hoffe die Stadt werde es, vermöge des unter ihnen errichteten Vergleichs nicht zugeben.

Der zu Augſpurg verſammelten Bundsſtände Geſandten, erlaſſen Götzen die 2000 Gulden auf Ratification ihrer Obern. 1521. Dienſtag nach Franciſci. 1522 unterſchrieb endlich Götz die Urfehde, wodurch er ſich verbindlich machte: 1) 2000 Gulden nebſt der Atzung zu zalen. 2) Der Gefangenſchafft wegen nichts feindliches auszuüben. 3) Lebenslänglich mit den Ständen des Bunds den Frieden zu halten. Conrad Thum von Neuburg, Würtembergiſcher Erbmarſchall, Dietherich von Weiler, Conrad Eyer, Wolf Kav von Winnenden leiſteten Bürgſchafft vor die 2000 Gulden.

6.

Götz wollte, laut ſeines Schreibens an den Rath, bey ſeiner Entlaſſung dem Wirth, weil er das Geld ſogleich nicht aufbringen konnte innerhalb 1 Jahr 300 Gulden und das übrige nach dem Ausſpruch erbarer Männer bezahlen;

ten; aber der Wirt verlangte sogleich die 300 Gulden baar, und das übrige nach der Erkenntnis des Raths. Nun hätte er, Götz, bewilligt, daß der Rath darüber erkennen möge; es sey aber alles sein Erbieten nicht angenommen worden, da er doch dem Wirt einen Capital-Brief von 1000 Gulden zum Versatz angeboten. Ob er nun gleich dem Wirt lieber 100 Gulden mehr als weniger gegeben hätte, so ziehe er doch jetzt, weil er sich so gegen ihn betrage, seine Rechnung in Zweifel; er hätte ihn übernommen, und die dreyviertel Jahr, da seine Hausfrau bey ihm, und im Wochenbette gelegen, 350 Gulden, und also mehr als ihm in 3 Jahren, da er nicht mehr als 300 Gulden verzehrt, angesetzt. Der Wirt läugne 40 Gulden empfangen zu haben, die ihm doch seine Frau bezahlt. Er überschicke hiermit 552 Gulden, welche bey seinem guten Freund Conrad Evern in Gebot gelegt werden sollten, bis durch den Ausspruch ehrbarer Leute entschieden wäre, was er diesen zu bezahlen hätte.

Mit diesem Vorschlag war Diez nicht zufrieden, laut Antwortschreibens des Raths, sondern wollte, daß, wenn Götz sich vor übernommen hälte, er ihn allhier als vor seiner rechtmäßigen Obrigkeit, belangen sollte, welches ihm der Rath nicht versagen konnte.

Göz antwortet: Er könne sich von dem Rath nicht mehr einlaßen, weil ihm vormahls alles Recht und Billigkeit abgeschlagen worden. Würde man das Geld nicht in Gebot legen, so werde er sich anderwärts Raths erhohlen, was zu thun sey.

Einige Bemerkungen zu der 1731. und 1775. zu Nürnberg herausgekommenen Lebensbeschreibung Gözens von Berlichingen. Heilbronn und dasige Gegend besonders betreffend.

ad pag. 1. Herr Hannes Hoffmann ꝛc. Er wurde 1561. Burgermeister, starb 1575. Herr Stephan Feyerabend. Er wurde 1555. Syndieus.

ad pag. 15. Hans Berlin. Er war aus einer alten angesehenen Familie in Heilbronn. Der lezte davon starb in den 1730ger Jahren zu Nürnberg.

ad pag. 44. Zu unserer lieben Frauen. Zur Neßel. War ein Carmeliter Closter aufserhalb der Stadt, welches nunmehr abgebrochen ist.

ad

ad pag. 45. Thlacker. Sein ganzer Name hies Hans von Massenbach genannt Thalacker. Er hat sich von 1502. bis 1505. durch seine Fehde mit dem Schwäbischen Bund und Herzog Ulrich von Würtenberg bekannt gemacht. Seine Güter lagen ohnweit Heilbronn.

ad pag. 46. Kapffenhart. Ist vermuthlich heut zu Tage Köpfer, und eine in Heilbronnischer Markung gelegene walhigte bergige und also zu diesem Geschäfft sehr bequeme Gegend.

ad pag. 148. Constenz. Hier irrt Götz von Berlichingen; es war der Syndicus, Magister Wolfgang Gröninger von Eßlingen

Ueber=

Uebersicht
der hierin enthaltenen Documente.

1. Götzens von Berlichingen Schreiben an die Reichsstädte Heilbronn und Wimpfen seine Fehde mit Nürnberg betreffen D. Jakob Abend 1512.

2. Extract Schreibens Ulrich Artzts, Hauptmanns der Städte des Schwäbischen Bundes und Bürgermeisters zu Augspurg an die Reichsstadt Heilbronn. Sonntag nach Bartholomä 1513.

3. Extract Schreibens von eben demselben, Freytag nach des heiligen Creuzes 1513.

4. Extract Schreibens von eben demselben, Sonntag vor Allerheilig 1513.

5. Feindsbrief des Schwäbischen Bundes an Götz von Berlichingen von eben diesem Jahr.

6. Extract Schreibens des Schwäbischen Bundshauptmann Artzts, Montag nach Oculi 1514.

7. Eben dasselbe Freytag nach Ostern 1514.

8. Kaiser Maximilian II. Entscheidungsbrief in Sachen der beschädigten Bundsverwandten gegen Götz von Berlichingen und Consorten von eben diesem Jahr.

Vorstehende Beylage betrefen dessen Fehde mit Nürnberg, die folgenden von n. 9 — 10 betrefen die so er mit Mainz hatte.

9. Extract Schreibens des Hauptmanns Ulrich Arzts von Heilbronn am heiligen Pfingstag. 1516.

10. Extract Schreibens von eben demselben, ohne Jahr, vermuthlich aber von 1516.

Folgende von n. 11 — 42. betreffen dessen Fehde mit dem Schwäbischen Bund und seine Gefangenschaft.

11. Heilbronnischer Revers, dessen Gefangenschaft betrefend, Freytag nach Misericordias Domini 1519.

12. Schreiben der Versammlung des Schwäbischen Bundes an die Reichsstadt Heilbronn nach Eßlingen Sonntag Exaudi 1519.

13. Extract Relation der Heilbronnischen Abgeordneten auf dem Bundstag nach Eßlingen von 1519.

14. Schreiben einiger Heilbronnischer Rathsglieder an die Heilbronnischen Abgeordneten auf den Bundstag nach Eßlingen, Diensttag nach Exaudi 1519.

15. Extract Schreibens der Bundesversammlung zu Eßlingen, Mittwoch nach Exaudi 1519.

16.

16. Götzens von Berlichingen Erklärung über die ihm vorgelegte Urfehte.

17. Franz von Sickingen und der bey ihm befindlichen Ritterschaft Schreiben, an die Reichsstadt Heilbronn Samstag nach Exaudi 1519.

18. Jörg von Frontspergs Schreiben an die Stadt Heilbronn den 11. Junii 1519.

19. Derselben Antwort darauf.

20. Extract Heilbronnischen Schreibens an die Würtenbergische Regierung, Freytag nach Exaudi 1519.

21. Jörg von Frontspergs anderweites Schreiben an Heilbronn, den 13 Junii 1519.

22. Extract der Stadt Antwortschreiben, Donnerstag nach dem Pfingstag 1519.

23. Jörg von Fronsperg Urkunde über den von ihm vereittelten Vergleich, den 17 Junii 1519.

24. Extract Schreibens des Bundshauptmanns Ulrich Arzts an Heilbronn, Sonntag Trinitatis 1519.

25. Extract Schreibens der 3 Hauptleute des Schwäbischen Bundes an die kaiserlichen Commissarien, Sonntag Trinitatis 1519.

26. Eben derselben Schreiben an Jörg von Frontsperg, Sonntag Trinitatis 1519.

27.

27. Schreiben Jörg von Frontsperg an Heilbronn den 22. Junii 1519.

28. Heilbronnisches Antwortschreiben, Dienstag nach Unsrer Lieben Frauentag Visitationis 1519.

29. Der Reichsstadt Heilbronn Instruction an ihre Abgeordnete nach Augspurg, die Rechtfertigung ihres Vergleichs wegen Götzen von Berlichingen Gefangenschaft betrefend, Freytag nach Pfingsten 1519.

30. Extract Heilbronnischen P. S. an die Abgeordnete nach Augspurg, Sonntag Trinitas 1519.

31. Extract Schreibenn der zu Nördlingen versammelten Bundesständen Gesandten an Heilbron d. d. Samstag nach Jacobi 1519.

32. Extract Schreibens der Heilbronnischen Abgeordneten von dem Bundstag zu Nördlingen ohne Datum.

33. Fürschreiben einiger von Abel an das Kriegsvolk des Schwäbischen Bundes, Götz von Berlichingen Befreyung betrefend, Freytags nach Exaltatis Crucis 1519.

34. Schreiben der Stadt Heilbronn an den Bundeshauptmann, Samstag nach Appollonia 1520.

35.

35. Antwort des Bundshanptmanns Ulrich Arzts, Mittwoch nach Valentin 1520.

36. Franz Sickingen Schreiben an Heilbronn, Vincula Petri 1512.

37. Bürgschafts-Urkunde über Götzens von Berlichingen ausgestellte Urfehde, d. d. Sanct Gallen 1522.

38. Götz von Berlichingen Schreiben an die Reichsstadt Heilbronn, d. d. Martini 1522.

39. Der Stadt Antwort, Freytag nach Martini 1522.

40. Ferneres Schreiben Götz von Berlichingen an Heilbronn, Monntag nach Martini 1522.

41. Der Stadt Antwort darauf s. d.

42. Extract Michel Amerbachs Urgicht. Ohne Jahr.

43. Der Heupleute der aufrührischen Bauern Schirmbrief für Friederich Weigand, Kellermann zu Wittenberg 1525.

44. Der Bauernhauptleute Schreiben an die Stadt Heilbronn 1525.

45. Götz von Berlichingen Urpheb 1529.

Verzeichniß von Büchern, welche außer diesen bey Johann Bernhard Geyer in Fürth zu haben sind:

Büschings, Ant. Fr. Unterricht in der Naturgeschichte, für diejenigen, welche noch wenig oder gar nichts von derselben wissen, jetzo mit einem Auszug aus dem Handbuch der Natur verbunden und durch 20 Bogen illuminirter Kupfer erläutert, gr. 8. 6 Rthlr. oder 9 fl.

— — eben derselbe mit 20 Bogen schwarzen Kupfern, gr. 8. 1 Rthlr. 16 Ggr. oder 2 fl. 30 kr.

Bischofs, Carl Aug. lehrreiche Unterhaltungen eines Vaters mit seinen Kindern aus der Naturgeschichte, zum Gebrauch für Knaben und Mädchen von 6 bis 12 Jahren, mit 7. illum. Kupfern, quer fol. 1 Rthlr. 8 Ggr. oder 2 fl.

— — eben dieselben mit schwarzen Kupfern, 16 Ggr. oder 1 fl.

Die drey Brüder aus Persien, ein Familiengemälde, 2 Theile, 8. 1 Rthlr. 12 Ggr. oder 2 fl. 15 kr.

le Clercs, Peter, Beschreibung einer Himmelskarte, welche vor das Jahr 1780 aus den neuesten Beobachtungen gezeichnet worden, und auf 100 Jahr zu gebrauchen ist, mit der Karte selbst, gr. 4. 1 Rthlr. oder 1 fl. 30 kr.

Coyer, des Hrn. Abt, Reise nach Italien und Holland, a. d. Franz. gr. 8. 776. 1 Rthlr. oder 1 fl. 30 kr.

Deliciae Topo-Geographicae Norimbergensis, oder geographische Beschreibung der Reichsstadt Nürnberg, fol. 775. 1 Rthl. 16 Ggr. oder 2 fl. 30 kr.

Erfahrungen, practische, einer künstlichen Befruchtung der Levkojen, wie dadurch gefüllte Blumen zu erhalten, nebst einer Anweisung, aus Nelkensaamen Bizarden zu ziehen. Mit einer illum. Kupferplatte, 8. 790. 12 Ggr. oder 45 kr.

Etwas zur Beruhigung für Unglückliche, 8. 789. 12 Ggr. oder 45 kr.

Frauenzimmer, das galante und in der Oeconomie geübte, 2 Theile, 8. 773. 1 Rthl. oder 1 fl. 30 kr.

Geschichte des Baierischen Erbfolge-Kriegs, nach Absterben Herzogs Georg des Reichen, gezogen aus Johann Müllners ungedruckten Annalen der Reichsstadt Nürnberg, 8. 10 Ggr. oder 38 kr.

Gesellschaftskarte, neue, in Frag und Antworten, 4 Ggr. oder 15 kr.

— — eben dieselbe, aufgezogen und in einem Küstchen. 10 Ggr. oder 38 kr.

Holl, Phil. Jos. kurzer Unterricht von der Mythologie oder Götterlehre der alten heidnischen Dichter, mit 17 Kupferplatten, 8. 775. 16 Ggr. oder 1 fl.

Kunst-Pforte, die guldene, 2 Theile, 8. 776. 1 Rthlr. 4 Ggr. oder 1 fl. 45 kr.

Lebensbeschreibung, merkwürdige, verschiedener Kaufleute und Handlungsdiener, nach ihren glücklichen und unglücklichen Begebenheiten, 3 Theile, 8. 771—80. 1 Rthl. 10 Ggr. oder 2 fl. 8 kr.

Lehrbuch, systematisches, über die drey Reiche der Natur, zum Gebrauch der Lehrer und Hofmeister bey dem Unterricht der Jugend, 2 Bände mit vielen Kupfern, 8. 778. 4 Rthl. oder 6 fl.